Fürst Hermann von Pückler-Muskau

Jugend-Wanderungen

CLASSIC PAGES

von Pückler-Muskau, Hermann

Jugend-Wanderungen

Reihe: classic pages

1. Auflage 2010 | ISBN: 978-3-86741-203-2

Veränderter Nachdruck der Erstausgabe von 1835
(Hallberger'sche Verlagshandlung, Stuttgart)

© Europäischer Hochschulverlag GmbH & Co KG, Bremen

www.classic-pages.de

Jugendwanderungen Pag. 41

Jugend-Wanderungen.

Aus meinen Tagebüchern;
Für mich und Andere.

Vom Verfasser
der
Briefe eines Verstorbenen.

> Nichts ist so neu, als das, was in
> Vergessenheit gerathen ist.
> (Altes Sprüchwort.)

Mit Königl. Württemb. Privilegium.

Stuttgart.
Hallberger'sche Verlagshandlung.
1835.

Meinem Freunde

Alexander von Wulffen

in

treuer Erinnerung vergangener Zeiten

gewidmet

von dem

Verfasser.

Verehrte Freundin!

Sie wollen es .... rufe ich Ihnen wie Aeneas zu, ohne leider so interessante Abenteuer folgen lassen zu können — Sie gebieten — und an lange Folgsamkeit gewöhnt, unterwerfe ich mich auch heute. Doch wenn Sie Auszüge aus meinen verstaubten, unzusammenhängenden Tagebüchern verlangen, gedruckt verlangen, weil Geschriebenes an haltend zu lesen, wie Sie sagen, Ihre Augen nicht mehr frisch genug sind — haben Sie denn auch bedacht, daß wir das Publikum in unser Interesse ziehen müssen?

Nicht ohne Besorgniß theile ich so lose, unvollständige Erinnerungen mit, die vielleicht nur für Sie und mich selbst ein individuelles Interesse haben, oft nur den

Charakter eines summarischen Itineraire haben, und uns daher leicht täuschen möchten, wenn wir ihnen zutrauen, auch auf Andere eine Wirkung zu äußern.

Ich durfte die vorliegenden Blätter nicht einmal überarbeiten, um der Frische des Colorits, vielleicht der Naivität des jugendlichen Ausdrucks nicht zu schaden, der bei geringerer Uebung dennoch zuweilen seinen Werth haben kann. Nur ausgelassen habe ich viel, besonders über Italien, da dieses Land betreffend, wenigstens im Gebiet der Künste und Wissenschaften, kaum Wiederholung zu vermeiden wäre.

Ich muß also alle die Leser, welche mich bisher so liebreich ertrugen, hier im Voraus in unsrer Beider Namen um doppelte Nachsicht bitten, wenn Styl und Darstellung in diesen Berichten an noch größern Unvollkommenheiten leiden sollten, als ich sehr wohl fühle, daß man den bereits erschienenen Erzeugnissen meiner Feder mit Recht vorwerfen kann.

Allerdings vermag der Vergleich einer

Zeit, über die **20** Jahre so großer Umwälzungen dahin gestürmt sind, mit der unsrigen, die eben soviel inhaltreiche Jahre in der Zukunft vor sich sieht, einiges Anziehende darzubieten — ich selbst habe aber zu wenig in die Ereignisse eingegriffen, um in dieser Hinsicht irgend etwas Neues sagen zu können. Ein ziemlich friedliches, stilles, umherirrendes Beobachterleben, von allem Politischen meistens gänzlich abgewendet, kann ich Ihnen allein vorüberführen, und wo noch vielleicht etwas Pikanters ans Tagelicht kommen könnte, muß ich es aus andern Gründen verschweigen. Auch hat eine frühere unüberwindliche Blödigkeit, mit einigen mysantropischen Elementen versetzt, mich von großen und berühmten Leuten mehr entfernt gehalten, als ihnen zugeführt. So befand ich mich z. B. (und jetzt bereue ich es tief) Monate lang in der Nähe der Frau von Stael, ohne sie je gesehen zu haben, und mit manchen andern Sommitäten unsres Jahrhunderts ist es mir in jener Zeit nicht besser gegangen.

Also erwarten Sie wenig, das Publikum noch weniger. Dann finden wir vielleicht Alle unsre Rechnung, und mir wird die Beruhigung, Ihren Wunsch nicht auf meine Kosten befolgt zu haben.

Möchte nun, theure Fürstin, in dem folgenden Buche nur ein kleiner Theil jenes liebenswürdigen Verstandes, jenes Taktes eines schönen Gemüthes zu finden seyn, was ich Alles in Ihnen so lange und so innig verehre!

Geschrieben im Mai 1834.

Jugend-Wanderungen.

Anmerkung: An chronologische Ordnung kann ich mich nicht genau halten, doch werde ich suchen unbequeme Verwirrung zu vermeiden.

Avignon, 5. September 1808.

Obgleich uns noch Manches in Lyon zu sehen übrig blieb, so glaubten wir doch es unsern geringen Mitteln schuldig zu seyn, von einer Gelegenheit zu profitiren, mit der wir auf einem Schiff, das diese Nacht Truppen nach Spanien abführte, für einen sehr wohlfeilen Preis bis Avignon in Zeit von zwei bis drei Tagen gelangen konnten. Die größte Merkwürdigkeit, die wir ungesehen lassen mußten, war ohne Zweifel ein auf den nächsten Tag angekündigtes Feuerwerk, dessen affiche so anfing: Stella, grand artificier, aura l'honneur de présenter aux habitans de cette ville le feu d'artifice,

le plus étonnant, qui ait encore parû depuis que le monde existe. Ce feu d'artifice présentera une bataille, dans laquelle les ennemis marcheront les uns contre les autres etc.....
et le tout sera terminé par la réprésentation brillante de l'Empereur Napoléon dans toute sa grandeur.

Um zwei Uhr nach Mitternacht embarquirten wir uns auf der Saone mit ohngefähr hundert Kanonieren, unter denen wir auf einer leeren Tonne bescheiden Platz nahmen. Bald schnarchte Alles um uns her, und die dichte Finsterniß, die mit ihrem schwarzen Schleier die Gegenstände bedeckte, gab uns Anlaß, Glossen über die schlechte Beleuchtung der Stadt zu machen, in der wir langsam hinfuhren, ohne mehr als hie und da ein einsam brennendes Lämpchen zu entdecken. Es ist in der That sonderbar, wie sehr die Nacht in dieser großen Stadt noch ausschließlich dem Schlaf geheiligt ist; ein Fußreisender, der nach 10 Uhr Abends hier anzukommen gedächte, würde gut thun, sich mit Licht und Mundprovisionen zu verſehen, wenn er ſich nicht den Kopf an den Häuſern einzuſtoßen und hungrig zu Bett zu gehen wünſchte. Mir ging es wenigſtens beinah ſo, als ich am vorigen Abend in der eilften Stunde vergebens in der halben Stadt herumtappte, um ein Abendeſſen zu finden. Ueberhaupt ſcheint in Lyon aller Luxus mehr in das Innere der Häuſer, hinter verſchloſſne Thüren verbannt zu ſeyn, als ſich äußerlich zu zeigen; man findet die meiſten Artikel deſſelben in hundert Buden an den Straßen aufgeſtellt, aber nie öffentlich angewandt; mir iſt nicht einmal, ſo lange ich mich hier aufhielt, eine einzige Equipage zu Geſicht gekommen, die man ſo hätte nennen können, eine Simplicität, die kaum in der Schweiz angetroffen wird, wo die Equipagen durch Luxus-Geſetze verboten ſind.

An der plötzlichen Schnelligkeit, mit der das Schiff zu gehen anfing, bemerkten wir, daß wir die Saone verlaſſen hatten und in die Rhone eingelaufen waren. Ein ſchwacher Schein erhellte allmählig die dämmernde Gegend, und wie optische Schatten aus einer Rauchwolke hervorgehend, immer größer und deutlicher auf uns zuschweben, bis sie endlich in ihrer wahren Gestalt vor uns stehen, so wanden sich nach und nach die Gegenstände aus der verhüllenden Nacht und reihten sich, von der kommenden Sonne geröthet, im glänzenden Kreise umher.

Der reißende Strom der Rhone führte uns bald bei Vienne vorüber, das in einer angenehmen Lage am Ufer des Flusses sich ausbreitet. Gern hätte ich seine Alterthümer besucht, aber das Schiff hielt nicht an, und in wenig Minuten waren schon die letzten Thürme der Stadt unsern Blicken entschwunden. Die brennende Hitze, der wir ohne Schutz in dem offenen Schiff ausgesetzt waren, verursachte mir gegen Mittag ein heftiges Kopfweh, das mich für die Schönheiten der Gegenden, die wir durchreisten, ziemlich unempfindlich machte; kaum warf ich einen flüchtigen Blick auf die mit Reben bedeckten Ufer, die den köstlichen Wein von Cote rotie und

Hermitage uns liefern. Auffallend waren mir dennoch die Menge Ruinen und zerstörten Flecken, bei denen wir unaufhörlich vorbeikamen; einige waren ehrwürdige Ueberreste des Alterthums und der Ritterzeit, die meisten aber nur traurige Zeugen der Verwüstungen der Revolution. Gegen Abend kamen wir, nach einer Tagereise von beinahe 20 Lieues in Valence an, wo wir einige Stunden um Provisionen einzunehmen anhielten, und dann mitten in der Nacht weiter segelten. Von den unerträglichsten Kopfschmerzen geplagt, auf dem bretternen Fußboden des Schiffs hingelagert und den Kopf an eine Tonne angelehnt, gelang es mir nach einer grausamen Nacht, erst gegen Morgen etwas einzuschlafen; kaum mochte ich indeß eine Stunde geruht haben, als einer der neben mir liegenden Soldaten, von einem lebhaften Traume beunruhigt, mir einen so heftigen Stoß mit den Füßen versetzte, daß ich erschrocken in die Höhe fuhr. Um mich zu erhalten, will ich die Hand auf die Tonne stützen, greife aber unglücklicherweise meinem ebenfalls schlafenden Reisegefährten grade in's Gesicht, der mit einem Schrei aufspringend mich auf zwei andre Soldaten zurückwirft, und unser allgemeines Fluchen und Lärmen nach und nach die ganze Artilleriecompagnie erweckt. Die Sonne ging eben feurig über den blauen Bergen auf und erleuchtete mit ihren goldnen Strahlen die bärtigen Angesichter der schlaftrunknen Krieger, als dieses tragikomische Erwachen vorfiel; ein freudiges Morgenlied begrüßte aus Aller Munde die Göttin des Tages und ich vergaß, durch den kurzen Schlummer gestärkt, die ausgestandnen Leiden bei einem Frühstück saftiger Pfirschen, die Herr von Wulffen, stets sorgsam, für uns in Valence gekauft hatte, während ich krank im Schiff zurückgeblieben war. Diese Entbehrung empfand ich um so schmerzlicher, da das Schloß meiner Mutter, die in diesem Augenblick zwar nicht in Frankreich lebte, nur eine Stunde von Valence entfernt ist, und ich es nie gesehen habe.

Der Wind war uns heute entgegen und die Reise ging viel langsamer von Statten, aber gleichsam als wollte die reizende Gegend uns einen Ersatz für das längere Verweilen anbieten, schmückte sie sich jeden Augenblick mit veränderter Schönheit. Bald thürmten sich nackte Felsen mit bemoßten Ruinen bedeckt senkrecht über uns empor; bald wieder sahen wir uns rund umher von grünen Rebenwänden wie in einer weiten Laube eingeschlossen; ein andresmal erblickte man durch Silberpappeln und Mandelbäume das entfernte Land bis an die dunklen Berge im mannigfachsten Spiel der Farben schimmern, bis kurz darauf ein kleiner Archipel von buschbedeckten Inseln neidisch jede Aussicht in die Ferne verbarg.

Nicht ohne Interesse wandte ich meine Augen zuweilen von der schönen Natur hinweg auf unsre lustige Schiffgesellschaft und hörte ihren Gesprächen zu. Nur Wenige spielten, Keiner rauchte, die Meisten hatten sich unter ihre Mäntel hingelagert, die sie barrakenähnlich mit im Schiff gefundnen Holzscheiten gegen die Sonne ausgebreitet hatten; dort unterhielten sie sich von allerlei Gegenständen, die nicht selten in wissenschaftliche Fächer einschlugen. Für uns Deutsche ist es ein großer Stoff zur Verwunderung, den gemeinen französischen Soldaten oft so gebildet, so voll Ambition, und doch so artig und zuvorkommend zu finden, als wir es nicht selten bei unsern Offizieren vergeblich suchen. Keine Spur hier von jenem verderblichen Stolz gegen den friedlichen Bürger, von jenem Glauben, einen Nichtsoldaten ungestraft beleidigen zu können [*]; im Gegentheil habe ich bemerkt, daß sie sich eher einige Freiheiten gegen Ihresgleichen als gegen Fremde erlauben, obwohl Keiner eine wahre Beleidigung, auch von seinem besten Camaraden, erträgt, in welchem Fall der Gemeine hier dem point d'honneur (ohne zu untersuchen, ob dem wahren oder falschen, denn was einmal allgemein angenommen ist, bleibt immer eine Verbindlichkeit für jeden Einzelnen) eben so strenge Folge zu leisten sich verbunden glaubt als sein General.

---

[*] Hier spricht noch ein junger Offizier aus der Schule vor 1806.

Daß man übrigens ein gewiſſes beliebtes Wort, von dem uns Yorik die Gradation ſo launig angibt, ohngeachtet der eben gerühmten Bildung noch etwas öfter unter einer Kompagnie Kanoniere hört, als in einer Geſellſchaft junger Männer von gutem Ton, muß ich der Wahrheit zu Ehren bekennen.

Gegen Mittag fuhren wir unter einer ſchönen Brücke hindurch, die in 24 Bogen über den Fluß führt. Sie wird le pont de St. Esprit genannt, obgleich man ſie eigentlich dem Teufel zuſchreibt, der ſie in einem Tag und einer Nacht erbaut haben ſoll, wie uns der Steuermann berichtete. Da der Wind immer heftiger wurde, und das Schiff faſt gar nicht mehr vorrückte, ſo wurde 5 Lieues von Avignon (die hieſigen Lieues ſind faſt ſo ſtark wie geographiſche Meilen) gelandet, und wir erfuhren, daß hier abermals bivouakirt werden würde, bis ſich der Wind gelegt habe. Die geſtrige Partie dieſer Art war mir noch zu lebhaft im Gedächtniß um mich ihr zum zweitenmal auszuſetzen, ich entſchloß mich daher, meine Sachen der gütigen Obhut meines Freundes zu übergeben und allein zu Fuß nach Avignon zu gehen.

Mitten durch die Felder wanderte ich über Stoppeln und Anger der großen Straße zu, während oft liebliche Wohlgerüche südlicher Pflanzen mich umdufteten, ich mir aber die Füße auch oft an stachlichen Kräutern zerstach, mit denen die Felder über und über bedeckt waren. Von Zeit zu Zeit erfrischte ich mich an den süßen Trauben und Feigen, die wie wild auf dem sandigen Boden umherwuchsen, und fast allein die traurige Oede der Gegend unterbrachen, wo ich vergebens die frischen Matten und schattigen Lauben der Schweiz aufsuchte. Das schöne mittägliche Frankreich erschien hier in der Nähe ganz anders als dort, wo vom Schiff aus in der Ferne gesehen, die niedrigen, sparsam zerstreuten Bäume noch in dichtes Gebüsch zusammentraten, der großblättrige Wein mit sanftem Grün die Gegend überzog und die verschmelzende Undeutlichkeit des Ganzen meiner Phantasie es

nach Gefallen zu verschönern, freien Spielraum
ließ. Alles trug in Wahrheit einen fremden,
eignen Charakter, den ich bisher noch nie angetroffen hatte, aber es war ein schwermüthiger
Eindruck, den er zurückließ; kein freudiger Gesang
der Vögel belebte hier, im Hain noch auf der
Flur, die immerwährende traurige Stille, keinen
der hohen Bäume unsers Nordens sah ich die
majestätischen, weiten Zweige um sich ausbreiten,
kein grünes Gras, keine blumenreichen Wiesen
begegneten meinem suchenden Auge; kurzen Wei-
denstöcken gleichende Oliven und Mandelbäume,
deren schmale Blätter kaum einem Insecte Obdach
geben, niedrige, einzeln stehende Maulberbäume,
deren gelbliches Grün nicht für ihre unmalerische
Form entschädigt, und nur desto lebhafter den
dürren Sand unter ihnen bemerklich macht, düstre
Cypressen, die an den Tod erinnern, unübersehbare
mit Steinen bedeckte Anger, deren wüstes Ansehen
nicht dadurch vermindert wird, daß sie mit
Thymian und Lavendel bewachsen sind, kahle
nackte Felsen in der Ferne, deren weißen Kalkstein

man in einem andern Lande für Schnee halten
würde — dies waren die Gegenstände, die ich
bei brennender Sonnenhitze durch den Staub der
Straße, von dem selbst das wenige Grün in der
Nähe grau gefärbt war, erkennen konnte. Nur
selten fand ich in der Folge hie und da am Wasser kleine Wiesen von Weiden und Silberpappeln
eingefaßt, die wie eine Oasis in der Wüste her-
vortraten. Wie schwer möchte es seyn, dachte
ich bei mir selbst, hier das reizende Dörfchen
aufzufinden, wo die kleine Margot wohnt *).

Die Erndte war schon vorbei, und alle Felder
leer, was noch mehr zum todten Ansehn der
Gegend beitrug; an vielen Orten sah ich das
Getreide, anstatt des bei uns üblichen Dreschens,
durch Pferde auf dem Felde austreten, die man
im Trabe darauf herumtrieb.

Schon in einiger Entfernung von Orange
bemerkte ich den Triumphbogen des Marius, der
nahe am Stadtthore steht. Da ich ihn nicht

---

*) Thümmels Reisen.

ganz genau erkennen konnte, frug ich einen wohlgekleideten Mann darnach, der auf mich zugeritten kam; er antwortete, es sey ein Alterthum aus den Zeiten der Semiramis und sehr merkwürdig. — Bei aller Superiorität, die die Franzosen über uns zu haben glauben, und in Hinsicht auf Lebensbildung mit Recht in Anspruch nehmen, ist doch auch ihre Unwissenheit dem hierin besser erzognen Deutschen stets höchst auffallend.

Es ist zu verwundern, wie gut dieses Monument noch erhalten ist, obgleich es nur aus Sandstein besteht, der in einem weniger milden Clima längst in Staub zerfallen seyn müßte. Von den Figuren und Basreliefs ist wenig mehr zu erkennen, aber ein großer Theil der schön gearbeiteten Zierrathen ist fast unversehrt geblieben. Derselbe Bogen des Triumphs und der Ehre diente in der Revolution zum Ort der Hinrichtungen!

Ich ging diesen Abend noch bis Cortesone, einem großen Dorfe, drei Lieues von Avignon. Hier setzte man mir zum erstenmal alle Speisen mit Oel zubereitet vor, und obgleich es Provençeröl war, so hätte ich doch die mittelmäßigste Butter sehr vorgezogen; vielleicht ist die Gewohnheit daran Schuld, aber ein in Oel gebratnes Huhn, in geschmortem Oel schwimmendes Kraut u. s. w. bleiben für mich immer sehr ekelhafte Gerichte.

Früh um fünf Uhr setzte ich meinen Wanderstab weiter, und sah bald die Sonne glänzend über den hohen Ventour und seine kahle Felsenkette emporsteigen, die sich links der Straße in weiter Entfernung hinzieht. Der bezaubernde, immer mit hundert Farben spielende Himmel, dessen sammetartige bunte Wolken oft nur wie zarte durchsichtige Flocken in dem Azur des Aethers schweben, scheint für die öde Traurigkeit des Landes entschädigen zu wollen, die so selten das Auge durch eine frischere Ansicht überrascht. Ich bemerkte oft eine Art hohen Schilfes, das auf trocknem Boden wuchs und mir Laien in der Botanik unbekannt war; große Brombeerhecken am Wege, in die sich Mandelzweige und Wein=

trauben einrankten, boten mir ein dreifaches Frühstück an, das ich besser zu beurtheilen verstand und auch nicht verschmähte, obgleich manches provençalische Ehepaar, das behaglich zusammen auf einem Eselchen sitzend, bei mir vorbei galloppirte, mitleidige Blicke auf den armen Teufel herabwarf, der seine Mahlzeit an den Hecken suchte.

Man begegnet im mittäglichen Frankreich fast keinem vierrädrigen Wagen mehr, selbst die bepacktesten Frachtwagen, die ich sah, hatten nur zwei Räder, deren Breite aber oft eine Viertelelle überstieg, eine für Erhaltung der Straßen sehr nützliche Einrichtung, die aber bei uns unnöthig ist, wo es keine Straßen gibt *). Diese zweirädrigen Karren werden meistentheils von stattlichen, großen und schön angeputzten Mauleseln gezogen, die mir mehr als die stärksten Pferde zu leisten schienen.

Eine halbe Stunde vor Avignon wird die Gegend

---

*) Es ist hier vom alten Sachsen die Rede.

etwas lebhafter, die Felder sind dichter mit Wein bedeckt, und die Anzahl der Bäume größer als bisher; rund um die Stadt führt eine Allee von Rüstern und eine hohe ausgezackte Mauer, an der ich lange vergebens hinzog, ehe ich ein Thor entdecken konnte. Im Gasthofe der Madame Perron traf ich Wulffen wieder an, der unter vielem Ungemach die Nacht um drei Uhr hier angekommen war.

Den 7. September 1808.

Avignon trägt keine Spuren seines ehemaligen Glanzes mehr; krumme, finstre und öde Gassen, unansehnliche Häuser, von denen einige noch seit der Revolution in Trümmern liegen, Kirchen, die man theils zerstört, theils in Fabriken, Lazareths, Pferdeställe u. s. w. umgewandelt hat, sind die traurigen Ueberreste einer Stadt, die lange Zeit dem Universalmonarchen der christlichen Welt zum Sitze diente, und die uns Petrarka als die glänzendste, wollüstigste und sittenloseste seines Zeitalters schildert.

Von einem Felsen neben den Ruinen der ehemaligen päpstlichen Burg hat man eine schöne

Aussicht auf das umliegende Land und den Lauf der Rhone. Ich überzeugte mich hier von Neuem, wie sehr die hiesigen Gegenden gewinnen, von fern angesehen zu werden, doch immer bleibt ein seltsam melancholischer Charakter über sie ausgebreitet, der minder erquickende Gefühle erregt, als die lachenden Gefilde Italiens, oder die majestätischen Scenen der Schweiz.

Den Tag nach unsrer Ankunft ritten wir auf Miethpferden nach Vauclüse. Ein Klostergarten an den Ufern der Durance, vielleicht nicht allzuweit von dem Orte entfernt, wo Aline einst ihren Milchtopf zerbrach — lockte uns, durch die offenstehende Thüre in seine grünen Büsche einzutreten, die mit Pomonens reichsten Schätzen prangten. Wir stiegen also ab, um hier unter Weinlauben und Pfirsichbäumen uns ein wenig zu erfrischen. Für drei Sous erhielten wir Erlaubniß, so viel abzupflücken, als wir essen könnten; der Gärtner schien jedoch nicht auf den nordischen Appetit gerechnet zu haben, mit dem wir seinen saftigen Pfirsichen und süßen Muskattrauben zusprachen.

Um ihn daher nicht übler Laune zu verlassen, glaubten wir genereus die Kaufsumme verdoppeln zu müssen.

In zwei Stunden erreichten wir auf einem angenehmen Wege Lille an der Sorgue, eine kleine Stadt, bei der ebenfalls eine Allee hoher Ulmen vorbeiführt. Schon von fern sahen wir, mitten unter den Bäumen, eine große Tafel an Stricken aufgehangen, die, gleichsam den Weg mit Gewalt versperrend, den Pilgern nach Vaucluse mit groß geschriebenen Buchstaben ein dejeuner champêtre ankündigte, und auf der andern Seite ein diner champêtre den Zurückkommenden anbot. Wir zogen ungerührt bei beiden ländlichen Mahlzeiten vorüber, und kamen nach einer kleinen Stunde am Ziel der Reise, im lieblichen Thale von Vaucluse an. Hier fließt die krystallhelle Sorgue über frische Wiesen, und Mandel- und Feigenbäume baden ihre herabhängenden Zweige in den kühlen Fluthen; die steilen Berge deckt hier dicht und schön das helle

Grün der Maulbeerblätter, vom düstern Blau der Oliven schattirt, und malerisch erhebt sich in des Thales Mitte das alte Schloß der Bischöffe von Cavaillon. Jenseits des Dorfs ist unter hohen Felsen der Ursprung der Sorgue, die berühmte Quelle von Vaucluse. — Wie eine weite mit Wasser angefüllte Grotte erscheint sie dem Auge, und kein Strudel, keine Bewegung verräth die grundlose Tiefe, die noch nie das Senkblei erreichte. Geraume Zeit sieht man die Steine, die man hineinwirft, langsam in dem klaren Wasser untergehen, wie von einer unsichtbaren Hand herabgezogen; ein heiliges Schweigen, von keinem lebenden Laut unterbrochen, umgiebt die Nymphen der Quelle, die das Andenken des Sängers der Liebe mit süßen Schauern in die tiefbewegte Seele hauchen. Doch nicht immer herrscht diese leblose Stille, die empörte Quelle erhebt sich zuweilen bis an die gewölbte Decke der Höhle und stürzt dann, mit lautem Brausen, über den vor ihr liegenden Hügel hinab, durch den sie jetzt sich heimlich und schweigend ihren

Weg in unterirdischen Gängen bahnt, aber hundert Schritt weiter schon bei ihrem ersten Erscheinen fast schiffbar, auf welchem Kräuterbette leise murmelnd dahinfließt. Mit ihr strömten einst Petrarka's Thränen über die Grausamkeit seiner Laura, heftiger wenn die Quelle schwoll, sanfter wenn sie in ihr unterirdisches Reich zurücktrat.

Bei unsrer Zurückkunft im Gasthofe ließen wir eine Ziege von der Weide holen, die man in unsrer Stube melkte, um ihre Milch, noch nach Lavendel und aromatischen Kräutern duftend, warm trinken zu können; wir beschlossen dieses zweite Frühstück mit frisch gepflückten Mandeln und einer Bouteille ächten und sehr guten Muskatweins, worauf wir den übrigen Theil des Tages mit Lesung der Lebensgeschichte Petrarka's zubrachten, welche uns die Wirthin mit selbstgefälliger Miene nach der Mahlzeit überreicht hatte. Gegen Abend, als sich die brennende Hitze durch ein heftiges Gewitter, das den ganzen Himmel lange Zeit in feuergelbe Farbe hüllte,

etwas abgekühlt hatte, ritten wir langsam nach
Avignon zurück.

Wulffen bedankte mich nach und nach beträchtlich durch den schnelleren Schritt seines Pferdes, und da ich, über mancherlei Gegenstände nachdenkend, meinen Gaul anzutreiben vergaß, war mir, als ich wieder aufblickte, mein Begleiter ganz aus den Augen geschwunden. Bei der verdoppelten Eile, mit der ich ihm jetzt zu folgen suchte, kam ich unvermerkt von der rechten Straße ab, und überzeugte mich nicht eher von meinem Irrthum, bis die Nacht einbrach und der bisher gebahnte Weg mitten unter weitläuftigen Weinbergen aufhörte. Vergebens ritt ich bald rechts bald links auf engen Fußsteigen umher, die, mit losen runden Steinen bedeckt, mein steifes Pferd bei jedem Schritt dem Fallen nahe brachten; es fand sich kein Ausweg, und durch das viele Umwenden irre gemacht, wußte ich am Ende weder wo ich war, noch in welcher Richtung Avignon lag. Schwach nur erleuchtete der Mond die Gegend, wenn er auf Augenblicke aus den zerrissenen

Wolken hervortrat, und nichts ließ sich hören,
das nahe oder fern eine menschliche Wohnung
angekündigt hätte, nur das Summen der Cikaden,
und das Gekrächze einiger Nachtvögel ertönte
zuweilen durch die nächtliche Stille. Nachdem
ich eine Zeit lang unschlüssig gelauscht hatte,
ergriff ich die Partie, mein Pferd selbst den Weg
nach Haus suchen zu lassen, und wenn es ihn
nicht fände, mich unter irgend einem Baume
schlafen zu legen; die Luft war so lau, wie am
schönsten Sommertage, und hätte mich Hunger
angewandelt, so hingen ja Weintrauben in Menge
unter meinen Händen. Mit diesem Vorsatz ritt
ich noch einige Stunden über Felder und Wein-
berge fort, stieß bald an einen Baum, oder fiel
in einen Graben, bis endlich unvermuthet lautes
Hundegebell an mein Ohr schlug. Auf mein
Rufen erschien ein junger Mann mit einer
Laterne, der mich in provençalischer Sprache
anredete; ich benachrichtigte ihn auf Französisch
von meiner Noth, er verstand mich aber nicht,
und erst nach langer Mühe gelang es, uns durch

Zeichen einander verständlich zu machen. Sobald er mich hinlänglich gefaßt hatte, ergriff er ohne Weiteres mein Pferd beim Zügel und zog es laufend nach sich über Stock und Stein, bis wir ohngefähr nach einer halben Stunde an einen breiten Weg kamen, wo er mich verließ mit dem Bedeuten, ich werde jetzt mich schon selbst bis Avignon zurecht finden können das nicht mehr weit entfernt sey, er müsse zu seinem Mädchen zurück (hier machte er einen äußerst ausdrucks- vollen gestus) die ungeduldig auf ihn warte. — Was war gegen einen Grund wie diesen einzu- wenden! Ich bezahlte ihn also und überließ mich geduldig meinem ferneren Schicksal. Obgleich ich nun, nach des Herrn Doctor Gall's eignem Ausspruch über mich, Ortssinn im hohen Grade besitzen soll, so schien es doch, als wenn ein neidischer Zauberer heute alle Operationen dieses Sinnes unterdrückte — denn da ich nach einer Viertelstunde an zwei Scheidewege kam, wählte ich abermals den falschen und erfuhr es erst nach langer Zeit in einem großen Dorfe, wo ich zugleich hörte, daß Avignon von hier aus noch drei Stunden entfernt sey! Gewisse Seelen machen gehäufte Widerwärtigkeiten nur immer hartnäckiger, und ich habe Ursach zu glauben, daß die meinige von dieser Beschaffenheit seyn muß, denn ohngeachtet Müdigkeit und Nacht machte ich mich von Neuem auf den Weg. Ich verfolgte jetzt eine große Landstraße, auf der eine nochmalige Verirrung fast unmöglich schien, durch das Mißgeschick der heutigen Nacht hatte ich aber so sehr alles Zutrauen zu mir selbst verloren, daß ich in jedem Haus, welches ich unterwegs antraf, zum Ueberfluß die Bewohner mit lautem Rufen erweckte, um mich zu erkundigen, ob diese Chaussee auch gewiß nach Avignon führe. Die Meisten glaubten, ich wolle sie zum Besten haben, und fluchten mir auf Provençalisch alles erdenkliche Unheil nach, was ich nicht unterließ, ihnen jedesmal in eben so kräftigem Französisch zu erwiedern.

Um drei Uhr erst kam ich bei der hohen Stadtmauer an, und wer hätte gezweifelt, daß nun alle Noth überstanden sey, aber nein, da ich durchaus nicht wußte, auf welcher Seite der Stadt ich mich befand, und mich überdies die Sehnsucht nach meinem Bette immer eiliger vorwärts trieb, ritt ich unvermerkt bei dem Thore vorbei, an dem unser Gasthof liegt, und das gegen die ungeheure Mauer so klein ist, daß man es auch am Tage fast mit dem Perspective suchen muß. Jetzt verging mir die Geduld, und wie ein großer Herr, wenn er einen dummen Streich begangen hat, seine Untergebnen dafür zu bestrafen pflegt, gab ich meinem armen Pferde ein paar derbe Peitschenhiebe, das hierauf, seine letzten Kräfte anstrengend, mich bald im Gallop an die verfehlte Thür zurückbrachte, wo ich denn endlich! vermöge eines kleinen Thalers an die Schildwache, in den erwünschten Hafen einlief.

Monpellier den 7. September 1809.

Gern hätten wir das Fest der heiligen Concordia hier erwartet, welches nach Thümmel die französischen Schönen so eifrig zu besuchen pflegen, aus dem nämlichen Grunde, der den Augenkranken in Deutschland den heiligen Augustin vorzüglich segenbringend darstellt — da es aber erst in einigen Monaten gefeiert wird, so thaten wir Verzicht darauf, und reisten den andern Tag mit einer coche de roulage nach Nismes.

Ich fühlte mich den Tag so heiter und glücklich ohne recht zu wissen warum! — jene freudige Wallung bemächtigte sich meiner, von der Frau von Stael sagt, daß sie nur das reine Vergnügen an der Existenz oft ohne weitern Anlaß jungen

Seelen einflößt. Ich sprang aus dem langsam hinschleichenden Wagen, und blieb eine Zeit lang auf der Höhe des Berges glückselig stehen, um mich an der prachtvollen Aussicht über die weite Ebne des Comitats zu erfreuen. Die Gegend ist auf dieser Seite der Stadt schöner als auf der andern, ganze Wälder von Oelbäumen ragen aus den üppigen Weinfeldern hervor, deren rothe Trauben reich und einladend durch die hellgrünen Blätter blinken.

Während die übrige Gesellschaft in Lafour, einem Dorf auf halbem Wege, zu Mittag aß, benutzten wir diese Zeit, den pont du Gard, eine alte römische Wasserleitung, zu besuchen, die nur eine kleine Stunde von hier entfernt ist. Sie verbindet zwei gegenüber liegende Berge, zwischen denen der Gardon hindurchströmt, und besteht aus drei Reihen Arcaden übereinander, wovon die unterste sechs, die zweite eilf und die dritte fünfunddreißig Bogen zählt; ihre Länge ist 163 und ihre Höhe 24 Toisen. Die Ordnung ist toskanisch und der größte Theil gut erhalten;

mit Erstaunen mißt man die ungeheuren Blöcke, aus denen sie erbaut ist, und die ohne Mörtel noch Kalk zusammengefügt, schon Jahrtausenden trotzen, und aller Wahrscheinlichkeit nach noch eben so lange ausdauern werden. Die Antiquare schreiben die Errichtung dieses Baues dem Agrippa, Schwiegersohn des Augustus, zu.

Wir kamen früh genug in Nismes an, um noch denselben Tag das Aphitheater zu besehen, dieses majestätische Denkmal des Alterthums, welches die Mauren und Carl Martell, wie die Alles besiegende Zeit, bis jetzt vergeblich zu zerstören suchten. Leider ist es noch immer in- und auswendig durch eine Menge von Buden und Häusern versteckt, die dem Eindruck des Ganzen außerordentlich schaden; demohngeachtet gewährt es auch bei diesen Mängeln den imposantesten Anblick. Die Steine, aus denen es besteht, haben, wie beim pont du Gard, oft einen so enormen Umfang, daß Viele dadurch auf den abenteuerlichen Gedanken gebracht wurden, die Alten müßten ein Geheimniß besessen haben die Steine zu schmelzen. Genaue Untersuchungen der Steinbrüche von Baruht und Rogue malière haben übrigens gezeigt, daß sie hier gebrochen worden sind. Die Alterthümer von Nismes sind zu weltbekannt, um etwas Neues darüber sagen zu können; ich begnüge mich daher, die hauptsächlichsten bloß flüchtig zu erwähnen.

Das Amphitheater ist mit vielen Basreliefs geziert, unter denen sich vorzüglich eine große Anzahl befinden, die Priapes in allerlei Gestalten und humoristischen Gruppen vorstellen. Einer erscheint mit einer Klingel, die ihm vorn angehangen ist, ein zweiter wird gezügelt von einer Frau, die hinten aufgestiegen ist, ein dritter zeigt in dreifacher Form die Kindheit, Mannbarkeit und das Greisenalter u. s. w. Ein Basrelief auf der äußern Mauer, welches Romulus und Remus von der Wölfin gesäugt abbildet, hat die Gelehrten bewogen, die Erbauung des Amphitheaters dem Kaiser Antoninus Pius zuzuschreiben, der in Nismes geboren war, und auf dessen

Medaillen man gewöhnlich das auf dem Basrelief ausgedrückte Bild findet, wodurch man andeuten wollte, er sey durch seine vortreffliche Regierung als ein zweiter Stifter der römischen Monarchie anzusehen.

Im sogenannten Tempel der Diana, von dem man glaubt daß er ehemals ein Pantheon gewesen sey, sind jetzt eine Menge einzeln gefundner Sachen, Inschriften, Figuren, Gesimse, eine Menge Adler, denen allen die Köpfe fehlen (eine Verheerung, die den Gothen beigemessen wird), größtentheils von vorzüglicher Arbeit, aufgestellt, und mit einem eignen Vergnügen versetzt man sich unter ihnen in die alte Zeit zurück. Daneben ist der Platz de la Fontaine, wo alle Gebäude modern, aber so nachgeahmt sind, wie man vermuthet, daß sie auch ehemals waren. Hie und da findet man unter dem Rasen noch alte sehr beschädigte Fußböden von Mosaik und Reste von Statuen. Seitwärts stehen auf einem Berge die Ruinen der tour magne, von denen man eine schöne Aussicht auf die Stadt hat. Hier ist man erst im Stande, das Amphitheater in seiner ganzen Größe zu bewundern. Wie Kartenhäuser von Kindern aufgerichtet, liegen die übrigen Gebäude der Stadt darum her, und messen den erhabnen Charakter des Alterthums gegen den unsrigen; nur die prächtige maison quarrée, welche die höchste Eleganz der Architektur erreicht zu haben scheint, hält unverdunkelt den Vergleich aus, und verräth auf den ersten Blick die gleiche Abstammung. Dieser Tempel ist von außen fast ganz, bis auf das Dach, erhalten, und wird zu den vollkommensten Monumenten gezählt, die uns von den Römern übrig geblieben sind.

Man zeigte uns auch zwei schöne Fußböden von Mosaik, den einen in einem Kattunladen, den andern in einem Keller, beide aber standen dem nach, den wir in Lyon gesehen hatten. Man verfertigt Tücher für Damen nach diesen Mosaiken, die nur hier zu bekommen sind.

Am Abend des zweiten Tages verließen wir Nismes und kamen bei Anbruch der Nacht in ein Dorf, wo weder ein Führer noch ein Gasthof zu finden war. Wir mußten, wie es mir schon einmal in Italien gegangen war, uns selbst mit unsern Mantelsäcken beladen, und so noch drei Stunden bis Lunel zurücklegen. Heller Mondschein begleitete uns auf unserm Wege durch die duftenden Reben, und eine wohlthätige Kühle erleichterte die Beschwerden des mühsamen Marsches. Lunel ist ein freundlicher Ort, der durch seinen Muscatwein berühmt ist, und wir versäumten nicht als unterrichtsbegierige Reisende, dieser Merkwürdigkeit eine genaue Aufmerksamkeit zu schenken.

Nach einer wohldurchschlafnen Nacht wanderten wir um 9 Uhr früh weiter. Die Hitze war glühend und der Weg höchst langweilig; mehrere Stunden sahen wir Monpellier vor uns, ohne es erreichen zu können. Nichts ist ermüdender als diese einförmigen Ebnen des Languedoc, wo man durchaus keinen andern Gegenstand erblickt, als Weinfelder ohne Ende mit einzeln darin stehenden kurzen Oliven und Maulbeerbäumen, die höchstens mit einer Art Eichengesträuch oder Quitten abwechseln.

Wir traten in Monpellier im hôtel du roi ab, wo uns beim Mittagessen eine Menge Seespeisen, Hummers, Seespinnen, Fische und Austern vorgesetzt wurden. Die Seespinnen erinnerten mich an Friedrich den Großen, der, wie Zimmermann erzählt, den Tag vor seinem Tode noch eine halbe verzehrte, und die ungewöhnlich großen Austern an meinen Freund S...., den ich so oft um ihretwillen gleichfalls einer Indigestion trotzen sah. Er hatte aber ein sicheres Hülfsmittel dagegen, was ich hiermit allen Gourmands, die es noch nicht kennen, anempfehlen will. Es besteht in einer einfachen Milchsuppe, die jeden Austererceß unschädlich macht.

Während ich diesen langen Bericht niederschreibe, unterhält sich mein Reisegefährte mit einer liebenswürdigen Landsmännin, die wir unvermuthet hier angetroffen haben, sehr lebhaft in der Nebenstube — eine Nachbarschaft, die einen noch jungen Philosophen mancher Distraction bei gewiſſenhafter Haltung ſeines Tagebuchs zu unterwerfen im Stande iſt. Weniger gut geht es armen preußiſchen Kriegsgefangenen, die wir hier antrafen. Sie werden ſchlecht behandelt, und man verſucht Alles ſie zum Dienſt gegen Spanien zu zwingen.

Monpellier iſt eine hübſche Stadt, die in ihrem beträchlichen Umfang einige ſchöne Gebäude und Plätze einſchließt. Von einem der letztern, la place du Peyron, den ein ſchönes Thor, ein Tempel und eine Waſſerleitung ziert, hat man die reizendſte Ausſicht auf das Meer mit den Schlöſſern von Maguelone und Cette, die Cevennen und die Pyrenäen am äußerſten Horizont. Wir ſahen hier die Sonne untergehen, und begaben uns nachher auf die Esplanade, einen weiten, mit Bäumen beſetzten Spazierplatz, wo wir eine Menge Menſchen aller Klaſſen verſammelt fanden, um die Friſche des Abends zu genießen. Grün angeſtrichene Eisbuden, Caffées champêtres u. ſ. w. boten den Vorübergehenden alle

Arten von Erfrischungen bar, Buden und Bäume
waren so glänzend mit bunten Lampen illuminirt,
daß vor ihrem hellen Schein die keusche Cynthia,
die in der Ferne sich in den dunkeln Meereswellen
badete, sichtbar erblaßte. Es war diesen Abend
nicht nur frisch, sondern wirklich kalt, so daß ich
von dem jähen Contrast einen heftigen Husten
davontrug, den ich in dem gerühmten milden
Clima von Monpellier nicht befürchten zu müssen
geglaubt hätte.

Einen großen Theil des andern Morgens lief
ich vergebens in der Stadt umher, um ein
cabinet littéraire zu finden, selbst bei Buchhändlern traf ich nichts als elende original
französische, oder schlecht aus dem Englischen
übersetzte Romane an, bessere Werke waren
jedesmal, sobald ich darnach fragte, den Tag
vorher verkauft worden; Liebhaber der Literatur,
die sich eine Zeitlang hier aufhalten wollen,
müssen sich daher von Paris versehen.

Merkwürdigkeiten sind in Monpellier nur sehr
wenige. Der hiesige botanische Garten giebt sich

für den ältesten in Europa aus; seine Gewächshäuser sind sehr elegant gebaut und mit den Zeichen des Thierkreises decorirt, daneben zieht sich ein schattiges Gebüsch hoher Bäume hin, die hier eine große Seltenheit sind, und in einem so kahlen und verbrannten Lande einen reizenden Aufenthalt gewähren; ich bemerkte dort unter vielen hohen Cypressen auch eine gewöhnliche Tanne, die man hier Cyprès de Monpellier nennt, und von denen die Stadt ihren Namen führen soll. Die Tochter des Verfassers der Nachtgedanken ist am Ende des Gartens begraben, man sieht aber nichts mehr von dem Grabmahl, als die Wölbung, worin der Sarkophag stand; alles Uebrige ist in der Revolution zerstört worden.

Soviel mehr man hier von der Hitze leidet als bei uns, um soviel mehr Mittel wendet man auch an, ihr entgegen zu arbeiten; viele Theile der Straßen sind mit weiten Decken überhangen, unter deren Sitz man den Sonnenstrahlen Trotz bietet, kühlende Erfrischungen sind für die geringsten Preise überall zu haben, selbst die Hökerweiber auf den Gassen verkaufen an allen Enden für den gemeinen Mann Limonade, Himbeersaft, Syrups, Eiswasser u. dergl. Es ist auffallend, in einem so heißen Lande das Eis weit wohlfeiler zu finden, als im Norden, man erhält drei Pfund für einen Sous.

Das schöne Aeußere des Comödienhauses lockte uns auch sein Inneres zu sehen, dessen Einrichtung uns aber weit weniger befriedigte. Desto begieriger waren wir auf die Vorstellung, da man uns versichert hatte, daß in Monpellier jetzt das beste Provinzial-Schauspiel in Frankreich sey. Man gab zuerst den Calif von Bagdad, worin Costüme und Decorationen auf eine wahrhaft unverantwortliche Weise gemißhandelt wurden. In der Stube der alten Türkin hing über dem Kamine ein Portrait aus den Zeiten Ludwig des Vierzehnten mit einer ungeheuren Allongenperücke, und die Mahomedanerin selbst erschien in einem Schleppkleid von Croisé de Lyon, mit einem Strohhut auf dem Kopf.

Hierauf folgte Alexis ou l'erreur d'un bon père.

Die Dame, welche den Alexis spielte, übertrieb auf eine so unnatürliche und widrige Weise, daß ich überzeugt bin, sie hätte in einer deutschen Stadt die Scene verlassen müssen; hier war es aber ganz anders, jemehr sie kreischte, schluchzte und sich in schrecklichen Zuckungen, wie eine vom bösen Wesen Ergriffene, umherwand, je wüthender wurde der allgemeine Beifall — „Ah! c'est senti cela! voila de l'expression!" ertönte es von allen Seiten, und ehe man es sich versah, wurden mehrere Lorbeerkränze auf das Theater lancirt, von denen unglücklicherweise einer der Actrice so gewaltig ins Auge flog, daß sie auf der Stelle die künstlichen Thränen mit sehr aufrichtigen zu vertauschen genöthigt wurde. Nach zwei so elenden Vorstellungen wurde ich sehr überrascht, die dritte, Fanchon la Vielleuse, mit der größten Vollkommenheit geben zu sehen. Alle spielten gut, der Abbé, St. Lucc und Fanchon aber vortrefflich, besonders die beiden Letzten, welche von zwei fremden Schauspielern, Herrn und Madam Fay, als Gastrollen gegeben wurden *).

Den andern Morgen reißten wir von Monpellier ab. Wir gingen wieder zu Fuß, da uns aber bald nachher ein Knabe mit zwei ledigen Bourriques (Mülleresel, die weit lebhafter als die unsrigen sind) einholte, und uns anbot für einige Sous mit ihm bis Lunel zu reiten, so nahmen wir mit Vergnügen sein Anerbieten an. Krank und von der Hitze erschlafft bestieg ich mein kleines Eselchen, auf dem ich sitzen und zugleich gehen konnte, weil meine Beine zur Noth auch noch über den Boden hinaus gereicht hätten.

Herr von Wulffen postirte sich der Queer auf den zweiten und so setzten wir, Einer über den Andern lachend, unsern Weg etwas bequemer fort. So bist Du denn, rief ich mir selbst zu,

---

*) Die Eltern der nachher so berühmt gewordenen Schauspielerin Léontine Fay, im Théatre de Madame.

nach mancher Veränderung und immer herabsteigenden Graden, enlich bis auf den Rücken eines Müllerefels retrogradirt! — aber es war mir bestimmt noch tiefer zu fallen, ich sollte **unter** den Esel kommen. Wir mochten ohngefähr die Hälfte des Weges zurückgelegt haben, als die Eselin meines Freundes auf einer niedrigen Brücke stehen blieb, um einem natürlichen Bedürfniß obzuliegen. Der männliche Esel einer alten Frau, die eine Strecke hinter uns ritt, bemerkte dies kaum, als er im Galopp herbeigesprengt kam, um nach der bekannten unanständigen Manier der Esel, die zum Sprüchwort geworden ist, seine Nase in fremde Dinge zu stecken; der meinige, den das nämliche Bedürfniß in Bewegung setzte, stellte sich auf die Hinterbeine und schien noch weit aussehendere Absichten zu verrathen, als er von seinem Nebenbuhler, den die alte Frau vergebens mit verlornem Hut und fliegenden Röcken aufzuhalten suchte, so heftig angestoßen wurde, daß er das Gleichgewicht verlor und seitwärts mit mir von der Brücke herab-

stürzte. Hier hatte ich Gelegenheit mich zu
überzeugen, welche Vortheile mit der Natur eines
Esels verbunden sind, denn ohne im Geringsten
durch den unvermutheten Zufall aus der Fassung
gebracht zu werden, fing mein philosophisches
Thier noch im Liegen an, ruhig einige Wein-
blätter zu verzehren, die es unter seiner Schnauze
fand — ist es nicht wirklich tiefe Weisheit, welche
so zu handeln lehrt, und würde man nicht leicht
mehrere Bogen mit den herrlichsten Lehren an-
füllen können, die sich aus diesem nachahmungs-
würdigen Betragen meines Esels herleiten lassen?
Man sollte also dieses ehrenwerthe Thier nicht
mit so viel ungerechter und unverdienter Ver-
achtung überschütten, und lieber beherzigen, was
der Spanier Huarte in seinem merkwürdigen
Buch von der Prüfung der Köpfe (examen de
ingenüs) sagt: Galenus beweist durch Gründe
und Erfahrung, daß die Esel mit ihrem Verstande
tiefsinnigere Sachen begreifen können, als weder
Plato noch Aristoteles je erfunden haben.

Unter diesen Betrachtungen hatte ich mich

mühsam hervorgearbeitet und half die andern beiden Esel nebst der alten fluchenden Frau, die noch immer aux prises waren, auseinander zu bringen, welches denn nach einiger Arbeit auch glücklich zu Stande kam, und kein weitres Abenteuer unsre Reise bis Lunel und von da nach Nismes störte, wo wir gegen Abend wohlbehalten ankamen.

Im hôtel de Luxembourg speisten wir mit einem dicken Mann und seiner Familie (wofür wir den übrigen Theil seiner Gesellschaft hielten) zu Abend, der von Bordeaux kam und nach Marseille reiste. Er gab uns bald zu verstehen, daß wir mit einem ci-devant zu thun hätten, führte in seinen Erzählungen sich einigemal mit Dumouriez sprechend ein, wobei er nie unterließ, diesen vertraulich Du zu nennen, und gestand endlich frei, daß, hätte Dumouriez seinem Rath gefolgt, dieser General jetzt an des Kaisers Napoleon Stelle und er, um eine bescheidne Hypothese zu wagen, wenigstens erster Minister in Frankreich seyn würde. Als Deutsche glaubte er uns auch

Etwas von unsern Landsleuten sagen zu müssen; und wählte dazu den König von Preußen Friedrich Wilhelm den Zweiten und den Herzog von Braunschweig, die er Beide sehr gut gekannt zu haben versicherte, indem er von Dumouriez einigemal mit wichtigen Depeschen an sie abgeschickt worden sey, und dann gewöhnlich, wie er en passant erwähnte, bei Tisch zwischen ihnen gesessen habe. „Apropos, fuhr er fort, j'ai encore beaucoup connû Frederic le Grand, c'est à dire, pas beaucoup précisement, mais je l'ai souvent vu chez mon ami Voltaire, lorsque sur la fin de son regne le Roi vint à Ferney, pour se réconcilier avec lui." Erstaunt zu erfahren, daß Friedrich der Große am Ende seiner Regierung, um sich mit Voltaire zu versöhnen, noch eine Reise nach Ferney unternommen habe, die bis jetzt der ganzen Welt ein Geheimniß geblieben war, wagte ich es mit Ehrfurcht den dicken Mann zu fragen, wem wir so glücklich wären, diese merkwürdige Anekdote zu verdanken? „Messieurs, je m'appelle de la

Riballière, nom assez connû par mes ouvrages." „Ah! Monsieur est donc auteur ....."
„Oui, Messieurs, j'ai toujours aimé les belles lettres, je les ai protégé dans les tems, et je crois même, les avoir cultivé avec quelque ...... „Hier wurde er mitten in seiner angefangenen Rede von dem Kellner herausgerufen. „Was ist der Herr, wenn ich fragen darf," wandte ich mich an eine gegenüber sitzende Dame von seiner Gesellschaft, die uns schon seit langer Zeit mit occhi assassini angeblickt hatte.

„Monsieur, c'est notre caissier."

„Votre caissier, Madame?"

„Oui, Monsieur, caissier du théatre Pavillon à Marseille, dont ...."

„.. dont vous faites sans doute un des principaux ornemens, Madame; ah! j'éntends maintenant — sans doute que Monsieur votre caissier vient de repeter son rôle de Gascon devant nous?"

Ein sehr holdseliges Lächeln war die Antwort, und mit vieler Theilnahme frug man uns, ob

wir einen langen Aufenthalt in Marseille machen
würden, in welchem Falle man hoffte, noch öfter
das Vergnügen zu haben, uns zu sehen.

Wulffen war hier so boshaft, statt der Antwort
sich zu erkundigen, ob man sehr wohlfeil in
Marseille leben könne, weil wir bloß in der
Absicht hingingen, eine Ersparniß zu machen.

Diese unerwartete Wendung schien die leuchtenden Augen der Priesterin Thaliens plötzlich zu
verfinstern, und mit verächtlichem Lächeln wünschte
sie uns, ohne sich in weitere Erörterung der
Frage einzulassen, eine gute Nacht, welchen
Wunsch wir von Herzen erwiderten, und uns
ebenfalls zur Ruhe begaben.

———————

Arles den 12. September 1809.

Mit einem preußischen Gefangnen, der unsre Effecten trug, setzten wir um 7 Uhr früh unsre Reise fort. Die flachen Gegenden, durch die wir gingen, waren noch öder und unfruchtbarer, als wir sie bisher angetroffen hatten, selbst der Weinbau hörte auf, der Baum der Pallas verschwand, und nur sparsam sah man den dürren Sand mit einigen Tamaris = Sträuchern besetzt. Wulffen nannte es sehr passend: eine Lüneburger Haide mit etwas vornehmerer Vegetation. Wir begegneten einigemal ganzen Heerden von vierbeinigen Dreschern, oder vielmehr Austretern des Getreides, die von Ort zu Ort getrieben werden, wo=

für der Besitzer von Jedem, der sie braucht, eine gewisse Summe bezahlt erhält.

Ehe man Arles erreicht, muß man über zwei Arme der Rhone setzen; über den letzten führt eine elegante Schiffbrücke, den ersten passirt man auf einer Fähre. Arles ist groß, aber finster, schmutzig und schlecht gebaut. Es besitzt mehrere interessante Alterthümer, von denen wir zuerst das Theater besuchten, wo man eine Menge Fragmente schöner Statuen, besonders die einer Tänzerin, an der Bein und Fuß von hoher Vollkommenheit sind, und einige prächtige Säulen von afrikanischem Marmor findet. Der ganze Boden des Theaters ist mehrere Fuß tief mit nichts als zerbrochnen Ueberresten von Statuen, Vasen, Säulen u. s. w. angefüllt, die aber leider durchgängig auf eine so jämmerliche Art verstümmelt sind, daß man das Nachgraben als unnütz aufgegeben hat. Diese unsinnigen Verwüstungen werden hauptsächlich den ersten Bischöfen von Arles zugeschrieben, die sich nicht begnügten, alle heidnischen Kunstwerke zerschlagen zu laſſen, ſondern, um die Wiederherſtellung unmöglich zu machen, die einzelnen Glieder noch an entfernte Orte umherzuwerfen befahlen. So hat man die bekannte Venus von Arles, welche in Paris iſt, durch das glücklichſte Ohngefähr nur theilweiſe an ganz verſchiednen Stellen und zu verſchiednen Zeiten zuſammengefunden. Wir beklagen uns ſo oft über die Barbaren und ihre Zerſtörungen der hohen Werke des Alterthums — leider lehrt uns die Geſchichte, daß wir, mehr als Hunnen, Gothen und Vandalen, dem unermüdlichen Eifer der Chriſten in dieſer Hinſicht zu verdanken haben!

Das Amphitheater von Arles iſt kleiner als das in Nismes, eben ſo mit Häuſern verbaut und überdies faſt ganz zerſtört. Von ſeinen verfallnen Mauern hat man eine ſchöne Ausſicht auf die Gebürge des Ventour und die weiten Ebnen der Abtei von Montmajour, die oft das Blut der Sarazenen tranken. Nur ein halber Thurm iſt noch von dem nahen Palais des

Kaisers Constantin übrig, in dem Faustina den Crispin gebar. Gegenüber sieht man jenseits des Flusses die Ufer der isle de Camargue, berühmt durch ihre reichen Weiden, ihr herrliches Vieh und ihre Stiergefechte.

Auf der Insel Camargue und einem Theil der Grafschaft Arles, Plan du Bourg genannt, wird nämlich, wie ich in einem französischen Schriftsteller lese, eine große Anzahl Stiere und Ochsen ernährt, die man in Freiheit weiden läßt. Jeder Eigenthümer kann die seinigen nur an dem Zeichen erkennen, das ihnen eingebrannt wird, man sieht aber leicht ein, wie schwer es ist, diese Operation an einem Stier zu machen, der im Stande der Wildheit lebt; es gehört eben so viel Geschicklichkeit als Muth und Kraft dazu, sie zu bewerkstelligen, und mehr braucht es nicht, um aus dieser Operation ein Schauspiel von allgemeinem Interesse für das Publikum zu machen. In der That werden jedesmal große Vorbereitungen zu diesen Festen gemacht, und von weiten Gegenden strömen die Fremden hinzu, ihm beizuwohnen.

Diese Feste, welche Ferraden genannt werden, haben einen von den Stiergefechten in Spanien, Paris und England, sehr verschiednen Charakter; der Mensch bietet hier alle seine Kraft auf, zeigt alle seine Geschicklichkeit und legt die Probe von jenem edlen Muthe ab, der ihm die stolzesten Thiere unterwürfig macht. Der Arlesianische Bouvier reizt den Stier nicht wie die spanischen Matadores, um ihm nachher wieder auszuweichen, er wirft nicht Pfeile auf ihn ab wie die Picadores; aber wie die kraftvollen Bewohner des alten Thessaliens, verfolgt er ihn mit dem Dreizack auf seinem flüchtigen Roß durch Wälder und Sümpfe, er faßt ihn endlich von vorn, biegt mit Gewalt seinen ungeheuren Kopf nieder, den er bei den Hörnern ergriffen hat und stürzt ihn unter dem Beifallsgeschrei der Zuschauer zur Erde. Nichts fehlt ihm, als sich nackt in der Rennbahn zu zeigen, seinen musculösen Körper und seine athletische Form den Augen darzustellen, um jenen Helden des Alterthums verglichen zu werben, deren Andenken noch jetzt unsre Bewunderung erregt.

Die Bouviers begeben sich an den bestimmten Tagen auf Pferden der Camargue zu dem, der die Ferrade giebt und den man den Herrn der Bouvaille nennt. Jeder ist mit einem Ficheron bewaffnet, eine Art Dreizack, dessen mittelste Spitze etwas vor den beiden übrigen hervorsteht, damit man den Stier stechen kann, ohne ihm eine zu große Wunde beizubringen. Die thessalischen Thierkämpfer mußten eine ähnliche Waffe haben, woher sie Taurocenta genannt wurden, eine Benennung, die dem Wort Centaur seinen Ursprung gegeben hat.

Man reicht den Bouviers eine stärkende Mahlzeit, der feurige Wein de la Crau belebt ihre Kraft und erhitzt ihren Muth, sie brechen auf und kommen auf den Wiesen an, wo die Thiere gewöhnlich zu weiden pflegen. Hier umzingeln sie sie und zwingen sie durch ihr Geschrei und mit Hülfe ihres Dreizacks, sich in einen Trupp zu vereinigen und treiben sie so bis an den Ort, wo sie die Nacht zubringen sollen. Einige Bouviers bleiben zurück, sie zu bewachen, die andern kehren zu der Wohnung zurück, die man ihnen zubereitet hat. Während der ganzen Nacht sieht man die Zuschauer ankommen, die gegen 8 Uhr Morgens alle versammelt sind; die Bouviers holen die Stiere und führen sie auf dieselbe Art wie den vorigen Abend nahe an eine Hütte, die zu diesem Endzweck errichtet und nicht weit von dem Ort entfernt ist, wo die Ferrade statt haben soll.

Die Wagen, Karren, Reiter, mit Dreizacks oder kleinen Ruthen versehen, versammeln sich auf den dürresten Theil der Ebne. Der ganze Haufe begiebt sich von hier nach dem Ort des allgemeinen Rendezvous, die Wagen werden in ovaler Linie in Form eines Amphitheaters gereiht, jeder hat Fackeln, Fahnen oder Wimpel aufgesteckt, die eine sehr pittoreske Wirkung machen. Diese Wagen dienen zugleich als Bänke und Sitze, die Pferde sind hinter ihnen rangirt und die Rennbahn mit Fußgängern bedeckt. Am Ende des Ovals ist eine Art enormer Scheiterhaufen errichtet, wo die Eisen glühen, welche bestimmt sind, den Stieren das unterscheidende Zeichen einzubrennen.

Nachdem Alles auf diese Art im Stande ist, giebt der Herr mit drei Pistolenschüssen das Signal zum Anfang. Die Bouviers, einige Eigenthümer und Pächter verlassen den Cirkel, mit dem Dreizack bewaffnet und zu Pferde; sie reiten auf die Heerde zu, Manche sind selbst so kühn, in sie einzudringen, und zwingen den Stier, der bestimmt ist gezeichnet zu werden, sich von seiner Heerde zu trennen. Mit Widerwillen verläßt das Thier seine Begleiter, besonders die Kuh, welche ihn ernährt hat, ein natürliches Gefühl bringt ihn immer nach dem Ort zurück, von dem er vertrieben worden ist, und er wendet alle Kräfte an wieder dahin zu gelangen, aber überall stellen sich ihm Hindernisse in den Weg, er wird immer von Neuem durch zwei Reiter zurückgestoßen, die ihn zur Seite begleiten, jedem seiner Schritte mit der bewundernswürdigsten

Genauigkeit folgen und mit unglaublicher Geschicklichkeit jedem Stoß ausweichen. Manchmal hält er, um seine Führer zu betrügen, plötzlich still, ihre Pferde in vollem Lauf rennen bei ihm vorbei und er benutzt mit Blitzesschnelle diesen günstigen Augenblick, zu seiner Heerde zurückzufliehen, aber die Reiter erreichen ihn von Neuem, greifen ihn mit doppelter Hitze an und zwingen ihn endlich in den Kreis zu kommen, wo er gezeichnet werden soll. Oft nehmen die jungen Weiber der Pächter Theil an dieser Uebung und jagen auf dieselbe Art die Kühe, welche zum Brand bestimmt sind.

Es geschieht zuweilen, daß der Stier im Augenblick, wo er in den Cirkel treten soll, sich rechts oder links wendet, und Pferde und Maulesel fangen dann erschrocken zu wiehern an und auszuschlagen, indem sie sich alle mit dem Rücken gegen ihn wenden; bald aber umgeben ihn von Neuem die Bouviers und nöthigen ihn in den Kreis.

Am Eingang erwarten einige muthige Männer

mit festem Fuß das wüthende Thier; es stürzt sich auf einen von ihnen, dieser ergreift es sogleich bei beiden Hörnern und läßt dann eins davon fahren; der Stier will diesen Augenblick der Freiheit benutzen, dreht sich, und sein Gegner faßt ihn beim Schweif. Einige Schritte springt er so mit ihm vorwärts, und den Moment ergreifend, wo das Thier im Lauf seine Beine in der Luft hat, stellt er schnell eins der seinigen dazwischen und giebt ihm im nämlichen Augenblick einen solchen Stoß, daß er wie mit abgeschlagnen Beinen niederstürzt und die Erde von seinem Falle dröhnt.

Heliodor, dem man den griechischen Roman Theagenes und Chariklea zuschreibt, erzählt fast auf die nämliche Art den Sieg, den Theagenes über einen Stier davon trägt. Dieser junge Mensch von thessalischer Abkunft und folglich ein guter Stierjäger soll geopfert werden und eben den tödtlichen Streich empfangen, als ein Stier, der ebenfalls zum Opfer bestimmt ist, sich losreißt; Theagenes ergreift einen Stock vom Scheiterhaufen, schwingt sich auf ein weißes Pferd, das, wie er, umgebracht werden sollte, verfolgt das wilde Thier, erreicht es und faßt es beim Hals; vom Pferd herabgleitend umschlingt er fester den Stier, der ihn mit sich fortreißt, geschickt stellt er ihm ein Bein und wirft ihn mit solcher Gewalt nieder, daß die Hörner in der Erde stecken bleiben; vergeblich sucht sich das Thier mit den Beinen los zu machen, Theagenes hält es mit einer Hand und erhebt die andere zum Zeichen des Siegs.

Wenn der Stier darniederliegt, kann der Bouvier von Arles nicht mehr die Vergleichung mit den thessalischen Hippocentauren aushalten, und ist gezwungen ihnen die Palme des Siegs zu überlassen; er kann nicht, wie jene, das Thier allein zurückhalten, neue Athleten erscheinen und ergreifen es bei Beinen und Hörnern. Doch findet man, daß die Thessalier sich auch zuweilen Mehrere vereinigten, den Stier niederzuwerfen. Eine schöne griechische Vase, welche Tischbein bekannt gemacht hat, stellt auf diese Art drei

Thessalier vor, die einen ungeheuren Stier bei einem Beine, Schweif und Hörnern halten und ihn in Gegenwart eines Gymnasten hinwerfen wollen, der ihnen Muth einspricht. In der Ferrade ist ein Einziger hinreichend den Stier niederzuwerfen, aber Mehrere sind nöthig um ihn zurückzuhalten.

Sobald er gefallen ist, hört man aus allen Ecken schreien: das Eisen! das Eisen! Einer der Bouviers bringt es; manchmal präsentirt er es einer der Damen, die auf dem nächsten Wagen sitzt; sie steigt herab, bewaffnet sich mit dem brennenden Eisen, das Gebrüll des Stiers, der Rauch, der von dem Brand emporsteigt, kündigt an, daß die Operation vorüber ist, und die Dame eilt, ihren Wagen wieder zu erreichen.

Gewöhnlich sind die Kühe gefährlicher als die Stiere, und schrecklicher bei ihrem Angriff; List und Bosheit kommen ihrer Schwäche zu Hülfe. Zuweilen springen die gejagten Thiere, ohne anzustoßen, über die Wagenburg hinweg, oder winden sich unter ihr durch, worauf sie voll Angst ihre Heerde zu erreichen suchen, ohne jedoch ihrem Schicksal entgehen zu können.

Das nämliche Schauspiel erneuert sich jedesmal, so oft ein Stier zu zeichnen ist, und es werden manchmal bis hundert gebrannt.

Die eigentlichen Stiergefechte sind ohngefähr auf dieselbe Art. Die Stiere werden die Nacht durch bewaffnete Leute herbeigeführt, die Rennbahn ist mit Wagen oder einem Brettergeländer umgeben und mit jungen Leuten angefüllt, die nichts als einen kleinen Stock haben, mit dem sie den Stier reizen, und ein rothes Tuch, um ihn auf sich zu ziehen. Die wüthendsten Stiere haben Cocarden an den Hörnern, und diejenigen erhalten den Preis, welche den Muth und die Geschicklichkeit besitzen sie loszureißen.

Diese Spiele haben zur Absicht, die Landleute zu üben, sich Herr über diese Thiere zu machen, um sie dem Joch unterwerfen zu können und zur Feldarbeit zu dressiren. Leider sind aber Unglücksfälle dabei sehr häufig und oft wird die Rennbahn mit Blut bedeckt.

Soweit mein Autor.

Ein neueres Alterthum in Arles ist das Portal der Metropole von gothischer Architektur, an dem außer der ungemeinen Künstlichkeit, Freiheit und herrlichen Ausführung einer unzähligen Menge kleiner Figuren, sechs Säulen merkwürdig sind, deren Alter in die vergessensten Zeiten zurückgehen mag, und deren jetzt ganz unbekannter Stein täuschend das Ansehn der Bronze nachahmt. Neben der Cathedrale steht das Rathhaus, ein großer, von Ludwig dem Vierzehnten erbauter Pallast, in dem ebenfalls vielerlei Antiken aufbewahrt werden. Im Vestibule sieht man unter andern einen sehr schönen Sarkophag; die Inschrift lehrt, daß er einer jungen Dame mit Namen Cornelia zum Grabmahl diente. Auf der Haupttreppe fanden wir einen Altar der Ceres von guter Arbeit, und den halben Theil eines Mythras mit den Zeichen des Thierkreises, der von einem ausgezeichneten Künstler verfertigt zu seyn scheint. Einige wohl darauf erhaltne Figuren, und die Schlange, die den Leib umschließt, waren vortrefflich zu nennen. Vor dem Rathhaus ist ein kleiner Obelisk aufgerichtet worden, der aber in jeder Hinsicht von wenig Bedeutung ist, und auch stark droht bald wieder umstürzen zu wollen.

Der Custode, welcher uns herumführte, ein instruirter Mann, erzählte uns viel vom Kronprinzen von Baiern, der einen halben Tag mit genauer Untersuchung der sich hier befindenden Fragmente zugebracht habe, sich von allem Noten gemacht und eine Menge Kenntnisse dabei verrathen, die ihn, wie er hinzufügte, an einem so großen Herren nicht wenig in Verwunderung gesetzt hätten.

Marseille den 26. September 1809.

Nach dem Aufenthalt eines Tages verließen wir Arles abermals zu Fuß und unsre Mantelsäcke auf dem Rücken, weil es unmöglich war, in der ganzen Stadt, weder einen Wagen noch einen Esel oder Träger zu bekommen. Es war zwar den Abend vorher einer von uns angenommen worden, der uns aber im Stich ließ, weil wir versäumt hatten uns ein Aufgeld von ihm geben zu lassen; denn hier, wo Treu und Ehrlichkeit eben nicht sehr an der Tagesordnung sind, fängt der spanische und italienische Gebrauch an, nach welchem der, welcher etwas miethet, es sey, was es wolle, nicht Aufgeld giebt, sondern erhält.

Faſt nüchtern, denn auf dem ganzen Wege war nichts als einige ſaure Weintrauben zu erhalten, kamen wir gegen Abend in St. Remy an. Während die Sonne ſchon unterging, beſahen wir noch die römiſchen Ruinen, die eine Viertelſtunde vom Ort, am Fuß einer öden Felſenreihe liegen. Sie beſtehen aus einem thurmförmigen Mauſoleum und den Reſten eines Thriumphbogens; das erſte iſt mit zwei obenſtehenden Figuren faſt ganz erhalten, aber ſehr ſchlecht und grob gearbeitet. Von weit beſſerer Architektur iſt der Thriumphbogen, auf dem man noch einige Basreliefs gut unterſcheidet; vorzüglich zeichnet ſich eine ſehr ſchöne weibliche Geſtalt aus, faſt in Lebensgröße, die nackt an einen Baum gebunden ihre bloß geſtellten Reize ſchamhaft zu verbergen ſucht.

Um zwei Uhr in der Nacht ritten wir auf Eſeln bis Orgon, wo man uns ein ſehr gutes Frühſtück vorſetzte. Nahe bei Orgon führte der Weg an einem lieblichen Thale voll Wieſen und friſchem Laubholz vorüber, das viele Bäche durchschnitten und hohe Felsen umkränzten. Hier im Thale von Cavaillon, dacht' ich, mag es gewesen seyn, wo an jenem verhängnißvollen Morgen Aline auf weichem Rasen hinfiel, ihren Milchtopf zerbrach und mit ihm noch mehr als ihre Milch verlor!

Von Orgon setzten wir unsern Weg zu Fuß fort und langten nach einem ununterbrochnen Marsch von 10 Stunden, fast leblos vor Ermattung, in Aix an. Ein Mann, der uns die letzten Stunden begleitet hatte, gab uns, als wir beim hôtel des Princes von ihm schieden, das drollige Zeugniß: que nous marchions supérieurement du pied.

Aix ist schöner gebaut als alle übrigen Städte des mittäglichen Frankreichs, die wir bisher gesehen hatten. Der Cours, eine schöne Straße von 1300 Fuß Länge, die mit hohen Häusern und einer breiten Allee geschmückt ist, dient zugleich zu einem angenehmen Spaziergang im Innern der Stadt.

In der Domkirche sieht man eine Rotunde

von antiken Säulen und hinter dem Hochaltar das Grabmahl des bekannten Liqueur de Vins. Das Monument, welches Friedrich der Große dem Marquis d'Argens errichten ließ, befindet sich jetzt auf der Mairie, die Inschrift wurde in der Revolution abgerissen und ist nicht wieder hergestellt worden.

Es giebt in Aix ein Badehaus, in dessen Badekammern seit des Proconsuls Sextus Zeiten nichts als der Badehahn geändert worden seyn soll. Wir hätten es sehr zu sehen gewünscht, konnten aber keine bestimmte Auskunft darüber erhalten.

Des fernern Gehens müde fuhren wir mit einem Vetturino nach Marseille. Eine Stunde vor der Stadt, da wo die Straße sich zu senken anfängt, erblickt man mit einemmal die herrliche Aussicht, welche unter dem Namen der Vista bekannt ist. Marseille, von einer unzähligen Menge Gärten und weißen Bastiden (Land=häusern) umringt, scheint von hier nur in eine unermeßliche Stadt mit dieser Umgebung zusammen zu fließen, welche das ganze Thal bis an den Halbkreis hoher Felsen ausfüllt, die es auf zwei Seiten umschließen; daneben verliert sich der Blick längs dem unabsehbaren Meer, schweift über den Mastenwald des weiten Hafens, den Hunderte von Gondeln und Schifferkähne umgaukeln, oder ruht auf den majestätischen Felsenschlössern von Chateau d'Jf, Beaumaigre und Rotonneau, die einzeln, schroff und schwarz, aus den dunkelblauen Fluthen hervorragen.

Es war bei Anbruch der Nacht, als wir in Marseille ankamen, der günstigste Augenblick, diese Stadt zum erstenmal zu sehen, besonders zur jetzigen Meßzeit. Man stelle sich eine grade 4000 Fuß lange Hauptstraße voll prächtiger Gebäude vor, die von zwanzig zu zwanzig Schritt mit großen in der Mitte aufgehangnen Lampen erleuchtet ist, deren flammende Reihe ohne Ende scheint. Auf beiden Seiten der Häuser zieht sich eine breite Allee hoher Rüstern hin, wo glänzende Buden zwischen den Bäumen ihre Waaren durch

transparente Inschriften den Vorübergehenden an-
kündigen; ein wogender Haufe Volks strömt ge-
schäftig bei ihnen auf und nieder. Gestalten aller
Art, Juden und Christen, Türken und Mohren
sieht man bei sich vorübereilen, Alles lärmt
verworren durch einander, und der allgemeine
Tumult, die Menge Lichter, welche hier aus
großen Spiegeln zurückstrahlen, dort den Glanz
einer mit Goldwaaren angefüllten Bude noch
vermehren, oder von funkelnden Kronleuchtern
herableuchten, die rauschende Musik, die an
allen Enden ertönt, nettgekleidete Knaben, die
Erfrischungen umhertragen, Sträußermädchen mit
Körbchen wohlriechender Blumen am Arm, die
keine verweigern werden, über die sie zu disponiren
im Stande sind, — man glaubt einer Maskerade
unter freiem Himmel beizuwohnen, und kann sich
an dem seltsamen Schauspiel nicht satt sehen.
Die Hälfte der Nacht trieben wir uns mit dem
taumelnden Haufen bei Sternenschein unter den
Buden umher, bis endlich Sterne und Lichter

verlöschten, und Jeder sein wirthliches Dach, sein reiches oder ärmliches Lager aufsuchte, der sanften Ruhe in die Arme zu sinken.

Sobald wir ausgeschlafen hatten, war unser erster Gang wieder nach dem Corso, dieser prächtigen Straße, welche ganz Marseille in seiner Länge durchschneidend, bei Nacht der Glanz von hundert Lampen und bei Tag an jedem ihrer beiden Enden ein point de vue hoher Felsen schmückt, die unmittelbar vor den Thoren der Stadt sich zu erheben scheinen. Alle Morgen wird hier unter den grünen Bäumen Frucht- und Blumenmarkt gehalten, der die ganze Athmosphäre rund umher mit seinem Wohlgeruch erfüllt. Von Pomonens und Flora's köstlichsten Gaben umringt, genießen wir dort täglich unser Frühstück neben einer sprudelnden Fontaine, deren viele die lange Allee des Corso zieren. Wir haben schon eine Menge Früchte hier kennen gelernt, die uns bis jetzt noch fremd, oder wenigstens nur dem Namen nach bekannt waren, als Pastèques (Wassermelonen) peches-prunes, kleine saftige

Pfirsiche von der Größe der Pflaumen, eine besondre Art dunkelblauer Feigen, Alberges, Grenaden und andre mehr.

Alle diese Früchte sind äußerst wohlfeil, das Pfund der besten Weintrauben kostet einen Sous, die Melonen weit weniger als bei uns die Kürbisse u. s. w.

Außer dem Corso giebt es noch andre mit Bäumen besetzte Promenaden in der Stadt, die größtentheils, so wie auch die öffentlichen Brunnen, mit Monumenten geziert sind. Marseille gehört überhaupt zu den schönsten Städten, die ich gesehen habe; alle Straßen sind allignirt, breit und gewölbt, mit erhöhten Trottoirs versehen und wie in Wien mit reihenweis gelegten unbehauenen Quadern gepflastert; nie sieht man die Stadt kothig, weil auch bei dem stärksten Platzregen schon in einer halben Stunde Alles, was Schmutz veranlassen könnte, in den Hafen abgeflossen ist. Die hohen regelmäßigen Häuser, welche überall in der neuen Stadt (denn von dieser rede ich bloß, die alte Stadt, welche ganz von ihr getrennt ist, und nur von gemeinen Leuten bewohnt wird, ist abscheulich) die Straßen einfassen, verdienen oft den Namen von Pallästen, einige von Puget erbaute sind Meisterstücke neuerer Architektur. An vielen bemerkten wir gläserne Gewächshäuser auf den Dächern. Die rue Beauveau, in welcher wir wohnen, besteht bei einer Länge von 520 Fuß doch nur aus drei Häusern auf jeder Seite, die alle von gleicher Länge, Höhe und Architektur sind (man nennt solche große Häuser hier Inseln, isles). Am Ende derselben steht queer vor das Komödienhaus, dessen Colonnade zum point de vue dient. Wir haben in dieser Straße, in einem der sechs Pallaste, die sie ausmachen, ein Logis gewählt, aber wir wohnen eigentlich nicht in der Straße, sondern darüber, wie es Frommen und Weisen geziemt, dem Himmel näher als der Erde. Neulich zählten wir zum Scherz die Stufen, und es fand sich, daß wir grade neun und neunzig bis an unsre Stube zu steigen haben; wir schreiten über die hundertste, wenn wir die Thürschwelle betreten.

Jedes Ding hat seine gute und seine böse Seite; wohl dem, der seinem Schicksal immer die gute abzugewinnen weiß! Wir finden unsern erhabnen Aufenthalt sehr angenehm; beständig athmen wir die frischeste Luft, jeder Gang auf die Straße dient uns schon zu einer heilsamen Motion, die Aussicht aus unsern Fenstern über den Hafen und die bunten Wimpel seiner Schiffe ist herrlich; es schmeichelt auch unsrer Eitelkeit, die Menschen unter uns so klein und unbedeutend zu erblicken, während wir uns selbst so hoch vorkommen; der dicke beklemmende Dunst der Stadt, ihr betäubender Lärm vertheilt sich in der Luft, ehe er uns erreichen kann .... aber ich würde nicht aufhören, wenn ich alle die Vortheile hernennen wollte, die ein sechster Stock darzubieten im Stande ist.

Oft gehen wir auf den Quais des Hafens spazieren, der jetzt freilich keinen so lebhaften Anblick mehr gewährt, als früher, wo der alle Welttheile verbindende Handel ihn mit seinem geschäftigen Gewimmel erfüllte. Unzählige von

Schiffen liegen jetzt unthätig an einander gereiht, und verderben ungebraucht.

Der ganze Hafen und die breiten mit Quadern gepflasterten Quais sind mit einem Kranz der schönsten Häuser umgeben, und der Fanal mit den umherliegenden Festungswerken, wie der hohe Felsen der bonne mère de garde, auf dem der Telegraph errichtet ist, gewähren einen imposanten und malerischen Anblick. Fast den ganzen Tag, aber besonders zur Zeit der Börse, ist diese Promenade mit einer Menge Volks angefüllt, das aus allen Gassen herzuströmt, obgleich der Ort die große Unannehmlichkeit hat, immerwährend von einem sehr schlechten Geruche inficirt zu seyn, den verfaulte Fische und alle Arten von Unrath, die ihren Abfluß in den Hafen haben, verursachen.

Auf der Consigne, am Ende des Hafens wird ein berühmtes Basrelief von Puget, die Pest in Neapel vorstellend, und ein Gemälde von David, das er noch in Italien gemalt hat, aufbewahrt, welches mir weit besser gefällt, als was ich aus seiner spätern Zeit gesehen habe. Jedesmal wenn

wir hierher kamen, fanden wir an den Thoren
der Consigne sechs bis sieben alte Weiber sitzen,
die unter betäubendem Schreien und Zanken
Karte spielten; ihre zerkrazten Gesichter und zer-
zausten Haare zeigten, daß die Zänkereien auch
oft in Thätlichkeiten ausarteten. Sie bettelten
uns gewöhnlich an, bewiesen aber keine Unzufrie-
denheit, wenn sie nichts erhielten, eine Gerechtig-
keit, die man im Allgemeinen den französischen
Bettlern widerfahren lassen muß; fast immer,
wenn uns einer vergebens ansprach, (wie man
denn unmöglich, hier in Marseille besonders, wo
es dergleichen zu hunderten giebt, allen etwas
schenken kann), unterließ er dennoch nicht uns
mit einer tiefen Verbeugung nachzurufen: „la
même obligation, Monsieur, la même obligation; que Dieu vous benisse, vous me don-
nerez une autre fois," oder einen ähnlichen
Spruch, mit dem sie wohl wissen, daß sie mehr
ausrichten, als durch ein mürrisches Benehmen.
Dieser gute Calcul erinnerte mich an das, was
uns Samuel Turner von den Tibetanern berichtet:

„Die dasigen Bettler, sagt er, anstatt durch erdichtetes Elend zu rühren, oder mit angenommener Ungestalt die Augen zu beleidigen, treiben allerlei lustige Possen, durch die sie die Vorübergehenden in eine fröhliche Laune zu versetzen suchen, um sie ihren Bitten geneigter zu machen; verrathen sie übrigens wirkliche Spuren des Elends, so muß ihnen um so mehr Jeder den Zwang hoch anrechnen, den sie sich anthun, durch scheinbare Lustigkeit ihn zu vergnügen." Wer kennt nun die Menschen besser, die Tibetaner, die Marseiller, oder die deutschen Bettler?

Marseille den 24. Oktober 1809.

Wir leben hier seit einem Monat, auf eine sehr regelmäßige Weise, theils um Wechsel zu erwarten, theils uns durch eine lange Ruhe zur fernern Reise vorzubereiten. Früh bleibt jeder allein auf seiner Stube und beschäftigt sich, wie er eben will, bis 12 Uhr, worauf wir gemeinschaftlich frühstücken. Der Gebrauch, früh und Abends Kühe und Ziegen in der Stadt herumzuführen und vor den Häusern zu melken, verschafft uns täglich ein eben so gesundes als wohlschmeckendes Mahl. Erlaubt es das Wetter nur einigermaßen (nicht immer ist es hier günstig, Gewitter sind äußerst häufig, und die warme

Sommerluft wechselt in einem Augenblick mit empfindlicher Kälte ab, sobald der Mistral zu wehen anfängt), so machen wir einen Spaziergang, der gewöhnlich sehr lange dauert; weil man auf anderthalb Stunden von der Stadt nicht aus den hohen Mauern hinauskommen kann, die die umliegenden Weingärten und Bastiden einschließen. Gelingt es Einem aber in das Innere der Mauern einzudringen, so findet man, daß hinter ihnen sich oft die schönsten Gegenden ausbreiten, die die Natur schon selbst zu reizenden Gärten gebildet zu haben scheint. Je seltner der Rasen im mittäglichen Frankreich ist, je schöner und frischer ist er auch, wo man ihn antrifft.

Der Herbst fängt nach und nach an, das Laub der Bäume gelb und roth zu färben, verblichne Blätter decken die Erde und sinken mit der feierlichen Stille herab, die die Trauer der Natur verkündet, aber noch behält das Gras sein glänzendes Grün, die Luft bleibt noch immer mild wie im Sommer, Blumen sprossen noch überall im Freien aus der Erde und bunte Schmetterlinge umflattern ihre duftenden Kelche. In einem milden Clima scheint mir der Herbst die schönste der Jahreszeiten, so wie das rüstige Alter nach einem wohlgebrauchten Leben vielleicht die schönste Lebenszeit seyn mag. Beiden ist die angenehme Wärme der Sonne nur noch wohlthuend, nicht mehr drückend, für Beide kleiden sich in neue veränderte Gestalten alle Gegenstände um sie her, ehe sie ganz von ihnen scheiden, Beide begleitet sanfte Ruhe, eine süße ahnende Schwermuth bei ihrem leisen Absterben — um bald neuverjüngt wieder aufzublühen. Dehnt sich die Vergleichung wohl auch bis dahin aus? Das ist die große Frage, wie Hamlet sagt. Doch oft, wenn mich in ernsten Stunden kleinmüthige Gedanken darüber anwandeln wollten, half mir immer ein einsamer Gang in freier Natur. Mein Herz erwärmte sich an ihrem Busen, und überzeugend sprach sie zu meinem Gefühl: Auch ihr, arme Menschen, sterbet nur hin, um neu verjüngt wieder aufzublühen. Le coeur a des sécrets, que l'esprit ne sait pas.

Wenn wir vom Spazierengehen zurückkommen, arbeiten wir noch einige Zeit und nehmen dann um sechs Uhr unser Mittagsmahl bei einem berühmten Restaurateur in der rue Vacon ein, wo wir bei fetten Wachteln und vortrefflicher Küche, noch das Vergnügen haben, immer eine Menge schöner Damen vor unsern Fenstern vorbei nach der großen Promenade ziehen zu sehen; oft auch ist unser Eßsaal eine dichte Weinlaube im Garten, deren reife Früchte von allen Seiten auf uns niederhängen.

Abends besuchen wir gewöhnlich einige Bekannte, oder lesen miteinander, oder gehen auch zuweilen in das Theater, dessen Local ziemlich groß aber nicht geschmackvoll, und das Schauspiel dem Preise angemessen ist; man zahlt nicht mehr als 12 Sous im Parterre. Sonst galt das hiesige Theater für das Erste in den Provinzen und brachte jährlich 800,000 Franken ein; seitdem aber Marseille durch die Stockung des Handels täglich todter und öder wird, hat auch dieses sehr abgenommen. Demohngeachtet ist es noch sehr besucht, und am Sonntag sogar keinem Gentleman zu rathen ins Parterre zu gehen, wenn er nicht in die Verlegenheit kommen will, wider seinen Willen an den allgemeinen Prügeleien Antheil zu nehmen, mit denen sich unter fürchterlichem Gebrülle der hier weilende Theil des Publikums an solchen Festtagen sehr häufig während den Zwischenakten zu belustigen pflegt. Ein noch größerer Tumult entstand neulich durch die Verwegenheit eines englischen Seekapitains, der wahrscheinlich mit seinen Camaraden eine Wette gemacht hatte, eine Comödie in Marseille zu hören, die jedoch leicht zur Tragödie für ihn hätte werden können. — aber das Glück ist den Kühnen hold, und half auch dem tollen Engländer auf eine fast unglaubliche Art noch durch, nachdem das ganze Haus schon mit Polizeidienern und Wache angefüllt war.

Alles, was zum Aeußern gehört, ist außerordentlich vernachläßigt, besonders Anordnung und Ausführung der Decorationen. So sahen wir einmal auf einer neuen, schon mehrere Tage vorder angekündigten Scenerie eine große Brücke, die den Hauptgegenstand der Landschaft ausmachen sollte, anstatt über den Fluß zu gehen, ihn der ganzen Breite der Bühne entlang cotoyiren.

Ein zweites kleineres Theater, le théatre Pavillon, mit dessen caissier wir schon früher bekannt wurden (s. S. 45), hat einige sehr gute Acteurs, steht aber demohngeachtet gewöhnlich leer. Ich für meine Person gehe noch seltner als mein Freund ins Theater, weil ich überhaupt der französischen Bühne, nach dem, was ich bis jetzt von ihr gesehen habe, wenig Geschmack abgewinnen kann. Der Witz der Vaudevilles besteht fast immer aus den nämlichen Wiederholungen und Zweideutigkeiten, die am Ende weit langweiliger werden und gewiß weit weniger Originalität haben, als die Späße des Wiener Kasperle; ernsthaftere Stücke aber, oder Schauspiele à grand spectacle, werden mit so viel lächerlicher Uebertreibung gespielt, sind gewöhnlich von einer Gedehntheit, einem gänzlichen Mangel an wahrer Handlung, der Gesang in den Opern, so wie ein großer Theil der französischen Musik-Compositionen so unerträglich, daß der Augenblick wo der Vorhang fiel, meistentheils der angenehmste der ganzen Vorstellung für mich war. Die Franzosen haben viel Verstand, aber wenig Imagination, daher ist das Detail ihrer Stücke auch immer pikant, die Erfindung aber gewöhnlich ohne alles Interesse; man findet an einzelnen Stellen Vergnügen, aber das Ganze läßt Einen kalt. Das Gefühl sprechen sie noch weniger an, weil sie es stets übertreiben, und die Menschen übertreiben nur die Empfindungen, die sie nicht haben — was man nicht hat, flößt man aber auch schwer ein *). Freilich spreche ich hier als Deutscher, dessen Begriffe von Gefühl von denen eines Franzosen, vermöge des verschiednen Nationalcharakters, sehr abweichen müssen. Oft hat mich dieses schon die Erfahrung gelehrt. Einmal traf ich auf den Gletschern von

---

*) Man sieht diesem Urtheil an, daß es einer unerfahrnen, einseitigen Jugend entsproß.

Chomotmy einen sehr gebildeten Franzosen an, der Paris seit einem Monat verlassen hatte, um, wie er sagte, doch auch die belles horreurs der Schweiz gesehen zu haben. Seine Neugier war befriedigt und er sehnte sich schon schmerzlich wieder nach seiner Vaterstadt zurück. „Ah! que je me rejouis de revoir Paris, rief er aus, toute cette belle nature est à la vérité bien belle pour les yeux, mais convenez en, cela laisse le coeur vuide." — Derselbe Mann versicherte mich nachher, daß er nie ohne Thränen Zaire von Voltaire spielen sehen könne! Ich mußte bei dieser Aeußerung lachen, weil es mir einfiel, daß besagtes Stück schon den Parisern Thränen ausgepreßt, als man noch Orosmane im Haarbeutel und Zaire im Reifrocke spielte.

Nach der Comödie begaben wir uns manchmal in ein Kaffeehaus, um Thee zu trinken, wozu wir eine uns bisher unbekannte, ganz-vortreffliche ringförmige Backerei von sehr angenehmen Geschmack genießen, welche pucelages genannt werden, und eine Merkwürdigkeit der Stadt Marseille sind, wie die Gänseleberpasteten in Straßburg. Die Kaffeehäuser sind hier sehr besucht; es giebt Leute, die beinah als darin wohnend angesehen werden können, wahre Virtuosen im Müßiggang, die den ganzen Tag und die halbe Nacht hier sitzen, ohne eine andere Beschäftigung zu haben, als den Spielenden zuzusehen und die Eintretenden anzugaffen. Eine Anekdote, die sich vor einiger Zeit hier zugetragen hat, beweist jedoch, daß es Fälle geben kann, wo auch solche Menschen zu entschuldigen sind. Ein Mann sah in einem hiesigen Kaffeehaus zwei Piketspielern von 6 Uhr Abends bis den andern Morgen um 4 Uhr mit der größten Aufmerksamkeit zu, als diese endlich über einen zweifelhaften Fall in einen lebhaften Streit geriethen. „Mein Herr, wandte sich der eine der Spieler zu ihm, haben Sie die Güte zu entscheiden, wer von uns Beiden Recht hat."

„Ja, mein Herr, mit Vergnügen, wenn ich nur das Spiel verstünde, was Sie spielen."

„Wie, zum Teufel, Sie kennen das Spiel nicht?

Weswegen haben Sie denn zehn Stunden hier wie angenagelt gesessen?"

„Mein Herr, ich bin verheirathet!"

Wir besuchen zuweilen den Ex-Director Barras auf seinem Landgute und verlassen ihn immer höchst zufrieden mit der liebenswürdigen und gastfreundlichen Aufnahme, die wir bei ihm finden. Er ist noch in seinen besten Jahren, ein schöner Mann von einnehmenden Gesichtszügen, und ein angenehmer Gesellschafter. Sein Lieblingsstudium ist jetzt die Naturgeschichte. Das erstemal, als wir ihn sahen, fanden wir ihn sehr vergnügt über eine Art Thonerde, die er an demselben Morgen in den nahen Felsen gefunden hatte, und die er für ächte Porcellanerde hielt. Er besitzt einen zahmen Wolf und einen zahmen Fuchs, wovon der letzte äußerst carressant und possierlich war; er lief bei Tische wie ein Hund herum und wedelte auch so mit dem Schweife, um ein Stück Fleisch zu erbitten.

Die Villa des Herrn Barras liegt sehr reizend und die Aussicht von der Terrasse auf das Meer ist eine der schönsten um Marseille. Wir sahen hier vor Kurzem eine englische Flotte von neun Linienschiffe vorbeisegeln, die wir lange mit den Augen verfolgten, bis sie endlich am Horizont verschwand.

Seit einigen Wochen ist der ehemalige König von Spanien mit seiner Gemahlin und einer Prinzessin, dem jüngern Godoi, Bruder des prince de la paix, dem Sohne der Königin von Etrurien *) und einem großen Hofstaate hier. Der König ist eine merkwürdige ganz exotische Figur. Er scheint nur mühsam zu gehen, läßt sich stets von Godoi führen, und soll seine meiste Zeit mit Essen und Schlafen zubringen. Täglich fährt er jedoch mit vier sechsspännigen Wagen spazieren, und der Zulauf des neugierigen Volks ist dabei noch immer so groß, als den ersten Tag. Außer seinem Hofstaat hat der König auch 300 Maulesel mit sich gebracht, die aber jetzt verkauft werden sollen; sie sind von einer Größe, Leichtigkeit

---

*) Jetziger Herzog von Lucca.

und Schnelligkeit, die außerordentlich von dem Phlegma der hiesigen abweichen.

Ein andrer merkwürdiger Fremder für uns ist ein vornehmer Algierer, der mit zwei Schiffen im Hafen liegt. Er bereitet sich zur Rückreise und hätte uns bald beredet mit ihm zu gehen. Er spricht etwas Französisch und hat ein so ehrwürdiges und gutmüthiges Ansehen, daß wir uns ohne Furcht ihm anvertraut haben würden, wenn wir nur mit Geld genug zu einer so weiten Reise versehen gewesen wären. Aber der Mangel dieses leidigen Metalls hat uns schon manchen Reiseplan vereitelt und manches lachende Project aufzugeben gezwungen!

Eine Gewohnheit in Frankreich, die ich sehr zweckmäßig finde, ist, daß Jeder, der dem Publikum dient, sein Geschäft sey auch noch so unbedeutend, vor seiner Thüre oder Fenster eine anzeigende Inschrift ausstellt. Dies erspart denn doch dem Suchenden viele Mühe, und ist so natürlich, daß es mich ungemein wundert, warum man in Deutschland, wo man doch so gern Alles verhäßt, nicht auch diese Sitte allgemeiner eingeführt hat. Es ist zugleich für die auf der Straße Gehenden eine unterhaltende Beschäftigung, solche Inschriften zu lesen und den Charakter ihrer Verfasser im Einzelnen und Allgemeinen daran zu studiren. Zur Probe gebe ich hier gleich die Beschreibung unsrer Straße in dieser Hinsicht, und überlasse Jedem selbst die Anmerkungen dazu zu machen. Fürs Erste scheinen drei Schneider übereingekommen zu seyn, sich in alle Grade des guten Geschmackes zu theilen. Bei dem einen liest man: au meilleur gout; beim zweiten; au nouveau gout, und beim dritten: au gout du jour. Dies hat jedoch eine Putzmacherin nicht verhindern können, zwischen den drei Schneidern auch noch einen temple du gout zu errichten. Ihr Tempel steht aber leer seit ihre gegenüberwohnende Rivalin mit mehr erfinderischem Geiste einen großen Schmetterling zum Schilde gewählt hat, mit der Inschrift: à la variété. Im Rez de chaussée des Eckhauses ist ein Caffé, der die Aussicht auf den Hafen hat — man sieht ein, daß er den Meergöttern geweiht werden mußte, c'est le Caffé de Neptune. Eine Eisbude daneben ist ziemlich unansehnlich, hat aber glücklicherweise ein spitzes Dach, und verdankt diesem Umstand den Titel: Pavillon chinois. Am andern Ende der Straße wohnen zwei Künstler, deren Anzeigen ich sehr oft verändert finde. Der Erste artiste en cheveux (Perückenmacher) benachrichtigt das Publikum: daß er sehr regelmäßig wöchentlich mit Paris correspondire, und theilt zuweilen Excerpte aus dieser Correspondenz mit. Der zweite, Chirurgus, Zahnarzt und Bandagenmacher, kündigt gewöhnlich Bruchbänder, Zahntincturen und Krücken für Kranke und Blessirte an; das letztemal galt aber sein avis blos dem schönen Geschlecht, dem er zu wissen that: daß er auf wiederholte und gehäufte Anfragen nach dergleichen Artikeln von neuen Busen, Hüften, culs de Paris et caetera habe kommen lassen, deren Elastizität, genaue Nachahmung der Natur und Bequemlichkeit beim Anlegen schon längst seinen hochgeschätzten Kunden hinlänglich bekannt sey. Begierig die falschen Basen, Hüften ꝛc. zu sehen, stieg ich zu ihm hinauf, und erfuhr da erst vollständig, was das großgeschriebene et caetera eigentlich bedeute.

Bei einem Bilderhändler stand unter einem Gemälde Napoleons folgende Inschrift:

Addition:

    Lycurgue,

    Cyrus,

    Alexandre,

    Hannibal,

    Cäsar,

    Charlemagne,

Total: Napoléon le Grand.

Die hiesigen Fiakres verdienen Erwähnung; obgleich nicht zahlreich noch neumodisch, sind sie doch von einer Reinlichkeit und Eleganz, die man selten so allgemein antrifft. Es fällt den Fremden sehr auf, die Pferde bis auf die Beine geschoren und nackt abbalbiert zu sehen, eine Sitte, die in einem heißen Clima ihnen manchen

Schweißtropfen ersparen mag, aber für das Auge eine sehr unvortheilhafte Wirkung thut.

Gestern war mein Geburtstag, an dem mir mein liebenswürdiger Reisegefährte, der jedes Vergnügen unsrer Irrfahrten für mich verdoppelt, und jedes Ungemach versüßt, eine sehr artige kleine Fete gegeben hat. Früh im Morgen schon erschien er, die Guitarre im Arm, an meinem Bett und weckte mich lachend mit der schönen Arie aus Glucks Iphigenia: Du höchstes, schönstes Glück auf Erden, o Freundschaft u. s. w. Sobald ich aufgestanden war, führte er mich an den Hafen, wo eine Gondel, mit bunten Wimpeln geschmückt, uns erwartete. Einige Stunden durchschifften wir das weite Reich der Amphitrite, besahen das große Lazareth am Meer, wo die Schiffe Quarantaine halten, dann die Felseninsel Chateau d'If, wo in einem gläsernen Sarge der General Kleber begraben liegt, und einst Mirabeau gefangen saß, und als die salzige Luft unsern Hunger gereizt hatte, kehrten wir zum Frühstück zurück. Dieses, so wie das nur aus Lieblings-

gerichten von mir bestehende Mittagsmahl übergehe ich, wie bi███, und eile zur Comödie, wo
diesen Abend grade eine Oper à grand spectacle
aufgeführt wurde. Sie fing mit zwei Chören
an, wovon das eine aus Kriegern, das andre
aus Amazonen bestand. „Combattons, vain-
cons," sangen die Einen; „menageons nos
vaincus," erwiederten die Andern. Der Gesang
hatte kaum begonnen, als schon ein so unmäßi-
ges Gelächter entstand, daß man weder Musik
noch Sänger mehr hören konnte. Einige riefen
Ruhe, die Lacher lachten noch lauter, und es
dauerte nicht lange, so übte sich das Parterre,
wie gewöhnlich, in Ringerkünsten. Viele verließen
das Theater, und wir folgten ihnen, um von der
Promenade Napoleon, die auf einem Felsen am
Meere endigt, der Sonne blutrothe Scheibe in
die dunkelblauen Fluthen herabsinken zu sehen.
Der Abend war herrlich, und während das weite
Meer und der Himmel vor uns in Purpur er-
glänzten, erleuchtete hinter uns der aufgehende
Mond mit blassem Lichte die Stadt und die

dunkeln Felsen umher. Das Entzücken an diesem alle Vorstellungen „à grand spectacle" so weit übersteigenden Schauspiel, benahm uns eine Zeit lang die Sprache, aber unsre Seelen verstanden sich doch, und froh fühlten wir, wie gleiche Empfänglichkeit für die Herrlichkeit der Natur uns verband, wie weit entfernt wir Beide waren, durch eine bejammernswürdige Fühllosigkeit alle zartern Regungen zurückzuscheuchen, und die reinste aller Freuden durch kalte Zergliederung zu stören.

Den Rest des Abends brachten wir auf Herrn von Wulffens Stube mit Lesen zu, und wählten diesesmal die Chronik von Marseille zu unsrer Lectüre. Unter mehreren andern merkwürdigen Dingen erfuhren wir daraus, daß ehemals die Weiber der Marseiller, nachdem einige in der Trunkenheit ihren Männern untreu geworden waren, in Masse das Gelübde thaten, nie wieder Wein zu trinken, um in keinen ähnlichen Fall mehr gerathen zu können. Haben nun ihre weiblichen Nachkommen gefunden, daß die Enthaltsamkeit des Weins noch nicht hinlänglich sey, um vor dem Genuß der verbotnen Frucht zu bewahren, oder sind sie ihrer Tugend sicherer geworden, wie jene? Darüber sagt die Chronik nichts; so viel aber ist gewiß, daß man jetzt allgemein wieder Wein trinkt.

94.

Nizza den 12. November 1809.

Den 6. November verließen wir Marseille und wählten diesmal, mehr aus Lust als aus Sparsamkeit, wieder unsre alte Reisart, die natürlichste von allen: zu gehen. Die Hitze war fast drückend und ich benutzte meinen Regenschirm mit vielem Erfolg gegen die Sonne. Nachmittags kamen wir durch eine öde bergige Gegend, wo vor einigen Tagen die Diligence geplündert worden war. Um 5 Uhr erreichten wir ein Dorf mitten in der Einöde, wo wir die Nacht blieben. Hier hörte ich ein charakteristisches provençalisches Sprüchwort: Douis bouens jours à l'home sûr terro, quand prend mouilhe et quando l'enterro.

 Zwei gute Tage hat der Mensch auf Erden:
 Die Hochzeit und's Begrabenwerden.

Es erinnert an Leßings Epigramm:

> Zweimal taugt eine Frau,
> Für die mich Gott bewahre.
> Einmal im Hochzeitbett,
> Und einmal auf der Bahre.

Den andern Tag wurde die Natur um uns immer wilder und malerischer; die hohen grauweißen Kalkfelsen, die den engen Weg beim defilé von Ollioules einschlossen, waren nur hie und da mit einzelnen Tannen und Cypressen besetzt, die aus dem kahlen Stein herauszuwachsen schienen; manchmal erblickte man hoch über sich verfallne Schlösser, deren bemoßte Ruinen grell von den weißen Felsen abstachen, und wie Adlernester an den höchsten Gipfeln hingen. Kurz vor Ollioules ändert sich aber plötzlich das wilde Ansehn der Gegend, die Gebirgskette zieht sich seitwärts und von grünen Hügeln umgeben sieht man das freundliche Dorf unter dunkelblauen Oliven hervorschimmern. Hier fanden wir die die ersten Gärten, wo Grenaden und Orangenhaine mit ihren Goldfrüchten im Freien gedeihen.

Herrlich ist die erste Ansicht von Toulon, der Rhede mit ihrer stolzen Reihe hochmastiger Linienschiffe, dem unabsehbaren Meere mit den Inseln von Hières und dem lachenden mit Villen bedeckten Thal auf der Landseite. Toulon selbst ist eine hübsche und reinliche Stadt, deren Straßen zum Theil allignirt sind. Wir fanden im Gasthof zwei junge Holländer, Messieurs de Meullenaire, mit ihrem Hofmeister, in deren Gesellschaft wir den andern Morgen nach der Rhede fuhren, um das Admiralschiff des Befehlshabers der Flotte (Gantheaume) zu besehen. Der Capitain empfing uns mit vieler Artigkeit und führte uns dann im ganzen Schiff herum. Es war ein Linienschiff von 120 Kanonen und noch ganz neu; der große Mast hatte 25 Toisen Höhe und der Nothanker wog 10,500 Pfund. Man zeigte uns vom Verdeck aus das Wachtschiff des Hafens, die alte Fregatte, welche Bonaparte aus Egypten zurückbrachte, und die, mit einer goldnen Inschrift versehen, jetzt hierher in Ruhestand versetzt ist.

Abends besuchten wir das Theater, welches ganz schmal und lang wie ein Darm ist. Acteure, Dekorationen und Musik waren in gleich hohem Grade elend.

Nach einem kurzen Schlaf setzten wir früh unsre Reise nach Nizza fort. Den ersten Tag führte unser Weg fast immer durch bebaute Felder oder Olivenwälder, die die Gegend sehr einförmig machen; am zweiten Tage sahen wir seit langer Zeit zum erstenmal wieder Schneeberge in weiter Ferne am Horizonte schimmern, oft fanden wir die schlechte, oft steinigte und kothige Straße mit Rosmarin und Buchsbaumsträuchern ausgebessert, und in den Gasthöfen brannten wir das gelbe wohlriechende Holz der Oelbäume im Kamin. Das Land schien aber immer einförmiger und todter zu werden, desto schöner spielte, wie gewöhnlich, Morgens und Abends in hundert Farbennüancen der bunte Himmel.

Den dritten Tag kamen wir über grüne Wiesen, die jetzt noch mit gelben Blumen, Vergißmeinnicht und Schmetterlingen prangten, ein überraschender Anblick für Nordländer am Ende des Novembers, und erreichten bei guter Zeit Frejus.

Ein Fußsteig neben der Heerstraße führt kurz vor der Stadt mitten durch die römische Arena; sie ist nicht groß und sehr verfallen; anstatt wilder Thiere und Fechter sahen wir jetzt nur einige Maulesel mit ihren zerlumpten Führern im Schatten der alten Mauern gelagert. Frejus besitzt noch eine Menge andrer Alterthümer; jenseits der Stadt ist der ehemalige von Cäsar erbaute Hafen, von dem jetzt das Meer eine halbe Stunde zurückgetreten ist, und eine Gegend gebildet hat, die sich durch einen ganz eignen melancholischen und trüben Charakter auszeichnet. Von den Wellen des Meeres bespült liegt hier St. Rufo, ein Fischerdorf, wo Bonaparte landete, als er von Aegypten zurückkam. Ein Schuhmacher aus Frejus dient den Fremden als Cicerone, ist aber so unwissend, daß er mehr verwirrt als zurechtweist. Als wir an das Stadtthor zurückkamen, zeigte er uns einen

Stierkopf, den er für einen têto de Mars ausgab.

Hinter Frejus geht die Straße über hohe, mit glänzend grünem Nadelholz bedeckte Berge. Der lieblichste Geruch erfüllte den Wald; wir entdeckten jeden Augenblick neue, uns unbekannte Pflanzen, unter denen der Erdbeerbaum mit seinen weißen Blüthen und halb rothen, halb gelben Früchten, den schönsten Anblick gewährte. Die Aussichten wechselten immerwährend, bald sahen wir das Meer oder eine Kette Schneeberge, oder ein weites Thal mit Dörfern und Flüssen vor uns. Die Witterung war sehr warm und der Weg beschwerlich, demohngeachtet fühlten wir keine Müdigkeit; wenn die Augen ohne Aufhören so genußreich beschäftigt sind, scheint es, daß man die Arbeit der Füße nicht fühle.

Wir blieben die Nacht in dem Städtchen Cagne, in einem Gasthof, dessen Wirthin den stärksten weiblichen Schnurrbart hatte, den ich je sah. Das Wirthshaus war fast in das Meer hinein gebaut. Unsern Fenstern gegenüber lag die Insel Marguerita, bekannt durch den Mann mit der eisernen Maske. Der Abend war bezaubernd schön und überaus prächtig der Untergang der Sonne hinter den dunkeln seitwärts gelegenen Bergen, während die hüpfenden silbernen Wellen am Horizont mit dem Rosenroth des Himmels zusammenflossen. Mit geheimnißvollem Rauschen schlug das Meer an die Mauern des Hauses, und wiegte uns allmählig in einen sanften Schlummer ein.

In wenigen Stunden gelangten wir den andern Morgen nach Antibes, dessen herrliche Aussichten vom Wall aus auf Nizza mit seinem grünen Meerbusen, seinem hoch emporragenden Leucht= thurm, und der Kette der schneebedeckten See= Alpen im Hintergrund, zu den schönsten im mittäglichen Frankreich gehören. Von Antibes an fanden wir alle Brücken abgerissen und mußten große Umwege nehmen. Wir thaten fast nichts als im Kreise umhergehen, so daß wir den ganzen Tag das alte Bergschloß von Bonne=

ville im Gesichte behielten. Spät Abends erst
erreichten wir Cros de Cagnes am Meer, wo
wir gewiß eine Barke nach Nizza zu finden
glaubten; kein Schiffer wollte aber so spät aus-
fahren, und wir sahen uns genöthigt in einer
elenden Hütte auf Strohsäcken die Nacht zuzu-
bringen, ohne auch nur das Geringste, selbst
Brod nicht, zum Abendessen erhalten zu können.
Als ich mir früh den Mund wusch und die
Zähne bürstete, bemerkte ich, daß mir der Haus-
herr mit Erstaunen und Abscheu zuzusehen schien;
endlich frug er mich voll Ingrimm, ob ich ein
Türke oder Amerikaner sey, daß ich mich nicht
scheue, solche gottlose und abscheuliche Ceremonien
zu begehen. Dieser komische Irrthum *) von
Seiten eines Mannes, der sich wahrscheinlich,
gleich der heiligen Schwester des Eunuchen Rufin,
dieser reinen Seele, die sich rühmte, in einem
Alter von 60 Jahren nie einen körperlichen Rei-

---

*) Sonderbar ist es, daß mir zwanzig Jahre später in
Irland wieder fast dasselbe begegnete.

digungs-Act vorgenommen zu haben — ebenfalls
nie einen Theil seines Körpers gewaschen haben
mochte, belustigte uns sehr, und ohngeachtet der
ausgestandnen Mühseligkeiten war unsre gute
Laune völlig wiedergekehrt, als wir am Var
ankamen, dessen reißendes Wasser ebenfalls die
über ihn führende Brücke mit fortgeführt hatte.
Wir mußten auf zwei schwankenden schmalen
Balken, von vierzig Fuß Länge, den man von
einem Ende zum andern gelegt hatte, hinüber-
setzen. Da ich gar nicht dem Schwindel unter-
worfen bin, ging ich ziemlich festen Fußes auf-
recht darüber hin, welches die umstehenden Leute
in Erstaunen zu setzen schien, denn sie riefen
mehrmals aus: ah! c'est un marin! Die Meisten
kletterten auf allen Vieren herüber und auf der
andern Seite fanden wir gar einen Fremden, der
schon seit einer Stunde mit der Brille auf der
Nase auf dem Balken reitend, ihn fortwährend
ansah, ohne sich das Herz fassen zu können ihn
zu passiren. Die Gegend erscheint hier eben so
schön als reich. Der größte Theil der umliegen-

den Wiesen und Felder ist mit Weiden eingefaßt, an denen sich hoch der Wein hinaufrankt,
und die ganze Küste mit netten Häusern und
Gärten bedeckt. Manchesmal traten wir in die
offnen Villen um uns unter den Orangen-
gebüschen abzukühlen und ihren süßen Geruch
einzuathmen.

Nizza ist ein sehr freundlicher Ort, und äußerst
romantisch das von hohen Bergen umschloßne
Thal, an dessen Ende die Stadt längs dem
Meere aufgebaut ist. Während ungewöhnlich
große Olivenbäume, dunkelgrüne Caroubiers,
Lorbeeren und Aloen die Berge decken, prangen
Tausende von Orangenbäumen mit ihren goldnen
Früchten in der Ebne, die ein breiter Strom mit
silberner Fluth durchrauscht. Hohe Schlösser
schauen aus den Wäldern, glänzende Landhäuser
aus den hesperischen Gärten hervor; eine Kette
schauerlicher Felsen und schneebedeckter Alpen
vertheidigt das liebliche Thal gegen die rauhen
Winde des Nordens, und sanfte Meereslüfte
wehen kühlend vom Süden; immer sahen wir

hier die Luft heiter, und von früh bis Abends strahlte wolkenlos die Sonne am blauen Himmel.

Am Gestade des Meeres ist eine angenehme Promenade, die Terrasse genannt, auf den platten Dächern einer ganzen Straße hingeführt; bei sehr hellem Wetter entdeckt man von hier in weiter Ferne die Berge von Corsika, nahe vor sich sieht man Antibes, und der ausgeschweifte Golf mit dem unermeßlichen Meeresspiegel gewähren einen erhabnen Anblick. Der beste Standpunkt für die Aussicht ist am Ende der Terrasse auf einigen ausgehöhlten Felsen, in die die Wogen unaufhörlich schäumend eindringen und von Minute zu Minute ein dem Donner ähnliches Getöse hervorbringen. Verfolgt man seinen Weg weiter, so kommt man an den Hafen, der klein und unbedeutend ist. Neben ihm erhebt sich ein hoher Berg, auf dessen Gipfel das Fort Montauban erbaut ist, welches von dieser Seite den Hafen und die Stadt, und auf der andern Seite die prächtige Rhede von Villefranches beherrscht. Wer schöne Aussichten liebt, darf nicht versäumen, dieses Fort zu erklimmen, er wird, oben angelangt, sich gewiß überreichlich für die ausgestandne Mühe entschädigt fühlen.

Der gänzliche Mangel an Fremden drückt Nizza, das hauptsächlich nur durch sie lebte, hart darnieder; die schönsten Häuser stehen leer und viele neugebaute fallen ungebraucht schon wieder ein. Die einzige Resource der Einwohner besteht jetzt in der Fischerei und dem Handel mit Agrumi, an denen das Land so reich ist, daß es Gärten giebt, wo des Jahres an 300,000 Orangen, Limonien, Citronat, Bergamotten u. s. w. gewonnen werden. Aus den letztern macht man artige Dosen, und kleine Arbeiten dieser Art, die den darin aufbewahrten Sachen einen angenehmen Geruch mittheilen.

Genua 1. December 1809.

Nach einem Aufenthalt von acht Tagen, die wir größtentheils mit Spaziergängen in den Bergen umher zugebracht hatten, reisten wir in einer Felukke nach Genua ab. Wir wurden von einer schwer beladnen Tartane begleitet, die aber schon am zweiten Tage vor unsern Augen von den Engländern genommen wurde, bei welcher Gelegenheit wir selbst nur mit genauer Noth dem gleichen Schicksal entgingen; man feuerte einigemal auf unsre Segel, ohne ihnen jedoch viel Schaden zu thun, und zwei kleine Chalouppen verfolgten uns bis fast unter die Batterie von St. Maurice, wohin wir uns retteten. Wir

konnten hören, wie uns die englischen Matrosen
spottend nachriefen: come here, come here!
Ich ermangelte nicht, sobald wir außer Gefahr
waren, so laut als möglich, dieselben Worte mit
einem noch kräftigern Zusatz zu erwiedern.

Um sich von dem ausgestandnen Schreck zu
erholen, beschloß der Patron der Felukke einen
Tag im Hafen von St. Maurice zu verweilen.
Da uns dieß nicht arrangirte und wir außerdem
lebhaft wünschten, die interessanten Meeresufer
und die Straße der Corniche näher kennen zu
lernen, welche an den Bergen hin bis Genua
führt, so verließen wir das Schiff in Gesellschaft
eines jungen Franzosen, und setzten sogleich unsre
Reise zu Fuße fort.

Bei einem schönen Palmenwäldchen vorbei
kamen wir bald nachher in dem Städtchen
Oneille an, der Vaterstadt des großen Doria,
die sonst keine Merkwürdigkeit darbietet. Unser
Weg blieb fortdauernd sehr beschwerlich, aber die
Gegend auch über alle unsre Erwartung beloh-
nend. Die pittoreske und eigenthümliche Form

der Berge, ihre überall dichte, von hier fast un-
durchdringlich scheinende Bedeckung mit dunklen
Oelbäumen, aus deren Laube hundert freundliche
Oerter mit hohen Thürmen blendend weiß hervor-
blicken, und im Hintergrunde die Schneegipfel
der Savoyischen Alpen, bilden mit dem weiten
Meer eine prachtvolle Landschaft. Die Landes-
bewohner scheinen friedlich und sorglos und in
Allem der Gegensatz der genuesischen marinari's,
welche nicht mit Unrecht als eine der falschesten
und gefühllosesten Menschenklassen bekannt sind.
Als wir auf der höchsten Spitze des ersten
Berges ankamen, fanden wir auf einer kleinen
Wiese ein allerliebstes Mädchen von höchstens
16 Jahren ganz allein sorglos schlafen; neben
ihr weidete ruhig ihr Eselchen, das sie wahrscheinlich wieder herabtragen sollte. Wir ließen uns
mit ihr in ein Gespräch ein, welches sie im Anfang durch ihre naiven Antworten sehr angenehm
für uns machte, bald aber durch die Zudringlich-
keit des Franzosen verscheucht, schnell abbrach
und wie ein Vogel ins Gebüsch entfloh. Gegen

Abend kamen wir durch eine rauhe Felsengegend an eine einsam stehende Capelle, von der man ein wildes Thal ganz mit Schneebergen umkränzt übersieht. Eine halbe Stunde darauf erreicht man ein kleines Dorf, am Ende dessen der Weg durch eine Art von verfallnem Schwibbogen führt. Hier erwartete uns der erhabenste Anblick, den die Natur gewähren kann. Wir befanden uns auf der an 2000 Fuß hoch über das Meer hinhängenden Spitze des Col Michel, und übersahen hier mit einem Blicke den größten Theil des Meerbusens und der riviera di Genua mit allen ihren Städten, Dörfern und reichbebauten Küsten. Amphitheatralisch erhob sich uns gegenüber das prächtige Genua, von zwei Seiten mit hohen Felswänden umgeben; weiterhin schweifte der Blick über das unermeßliche indigoblaue Meer, den Küsten Italiens entlang bis über die Insel Elba hinaus, und ruhte, sich wendend, auf Corsika's in Nebelduft verschwimmenden Gebürgen. Hinter uns schloßen Savoyens hellglänzende Alpen den Kreis, und unter unsern

Füßen erblickten wir in schwindelnder Tiefe die Schornsteine und den spitzen Kirchthurm des nett gebauten Städtchens l'Anguilla. Der Abend war wunderschön und wir geriethen noch in manche erneute Extase über die Herrlichkeit dieses Landes, ehe wir unser Nachtquartier in Albenga erreichten. Besonders muß ich noch eines himmlischen Thales kurz vor dieser Stadt erwähnen, das uns in der magischen Abendbeleuchtung der bezauberte Sitz irgend einer wohlthätigen Fee dünkte. Die Felsen, welche es umgaben, erschienen wie in das schönste Rosenroth getaucht, über ihnen blendende Eisspitzen und im Kessel breiteten sich unter uns hellgrüne Wiesen und Weinfelder aus, durch einen Waldbach bewässert, der in den reizendsten Windungen das Thal nach allen Seiten durchirrte.

Eine freundliche, hübsche und, was in der riviera di Genua unter die Seltenheiten gehört, reinliche Wirthin empfing uns in Albenga, einem kleinen Städtchen. Wir traten in die Küche, die hier, wie in England, zugleich zum Conversationszimmer dient, und erfreuten uns mehr an dem Anblick des flakkernden Feuers auf dem geräumigen Heerde, als daß wir seiner Wärme bedurft hätten. Zwei alte Muhmen der Wirthin, die mit ihr im seltsamsten Contraste standen, rührten eben, Makbeths Hexen ähnlich, mit Oel und Parmesankäse einen großen Eierkuchen an, Alles, was nebst einigen trocknen Fischen an dem Fasttage zu bekommen war. Wir ließen uns einen neuen Eierkuchen von dem jungen Weibchen bereiten, das einzige Raffinement des Luxus, welches uns übrig blieb, und wanderten dann nach wenigen Stunden erquickenden Schlafs noch vor Tages Anbruch weiter. Der Morgen war diesmal empfindlich kalt, und hie und da hatte es Eis gefroren, sobald indessen die Strahlen der aufgehenden Sonne über die noch im Nebel verhüllte Gegend aufflammten, verschwand der kurze Winter, um dem fast ewigen Frühling wieder Platz zu machen, der dieses glückliche Land nur auf Stunden zuweilen zu verlassen scheint. Nachdem wir ohngefähr zwei Meilen zurückgelegt hatten, trafen wir ganz wider Erwarten in Seriale unsre Felukke an, die wegen widriger Winde nicht schneller hatte segeln können, als wir auf den Bergen ihr nachgeklettert waren.

Wir schlugen jetzt einen Weg ein, der uns bequemer als der frühere, auf weichem Meersand mehrere Stunden fortführte, während die ewig andringenden und wieder zurückgestoßnen Meereswellen oft unsre Füße mit weißem Schaume benetzten, bis wir nach Mittag an die grotesken Felsen des Forts von Finale gelangten, die dicht mit indianischen Feigen und ihren stachlichten hellgrünen Blättern umrangt, wie künstliche Wälle aus den Fluthen hervorragen.

Hier fängt das zerrissene und räuberähnliche Ansehen der gemeinen Italiäner an recht auffallend zu werden. Die Meisten, denen wir begegneten, hätte man ihres Ansehens halber nicht gern allein in einer einsamen Gegend angetroffen. Sie waren größtentheils in braune Lumpen eingewickelt und trugen alle hellrothe Mützen, wie Galeerensclaven-uniform, auf dem Kopf; mitunter hingen um ihre Füße die Rudera von alten zerrißnen seidnen Strümpfen her, — so lagen sie Duzzendweis in der Sonne und überließen sich dem dolce far niente recht con amore. Einige nur beschäftigten sich mit zum Schiffbau gehörigen Arbeiten, der hier stark getrieben werden muß, denn unser Weg führte uns mehrmals durch weitläufige Chantiers, die Viertelstunden lang mit den Gerippen von Felukken, Tartanen und kleineren Fahrzeugen angefüllt waren.

Den folgenden Tag erreichten wir Genua, von romantischen Villen umringt, deren weißer Marmor schon von Weitem dem Wanderer entgegen schimmert, und deren prächtige Gärten von den schönsten mit Früchten beladnen Orangenbäumen strotzten. Bei dem majestätisch emporsteigenden Leuchtthurm wendet sich der Weg plötzlich zur vollen überraschenden Aussicht auf den weiten cirkelrunden Hafen und die amphitheatralisch sich umher gruppirende Stadt, von der man vorher nur einzelne Thurmspitzen erblickt hat. Man unterscheidet jetzt schon einige vorschimmernde Palläste und den weiß und schwarzgestreiften Dom aus Marmor.

Mit Recht nannte man einst diese Stadt Genua la superba. Die prachtvollen Straßen Balbi und strada nuova übertreffen die Erwartung des Fremden, der mit Staunen eine lange Zeit zwischen zwei ununterbrochnen Reihen von Palläften hingeht, an denen er kaum weiß, was er mehr bewundern soll: ob den edlen Styl in Bau und Verzierung, oder die Kostbarkeit des vielfarbigen Marmors, oder die herrlichen Freskogemälde, die noch aus alter Zeit mit brennenden Farben auf den Mauern erglänzen.

Die Stadt ist sehr lebhaft, und da die meisten Straßen so eng sind, daß man sich oft aus zwei gegenüberstehenden Häusern die Hand über die Straße hinreichen kann, so entsteht oft Gedränge. Dabei sind die Häuser sehr hoch, welches, obigen Theil der Stadt ausgenommen, überall auch am hellen Tage eine melancholische Düsterheit verbreitet, die einen unangenehmen Eindruck macht.

Wägen sieht man sehr selten, an den meisten Orten können sie gar nicht fort. Vornehmere lassen sich in Portechaisen tragen. Einen angenehmen Anblick gewähren die vielen Obstweiber, die oft hübsch sind, und im Aufputz ihrer Waaren, in Frucht- und Blumendecorirung alle ihre mir bekannten Colleginnen übertreffen.

Den Tag nach unsrer Ankunft, änderte sich plötzlich das Wetter auf die unangenehmste Weise, und es trat ein heftiges Schneegestöber ein, von dem ich mit Verwundrung, als ich früh aufstand, die Orangenbäume unter meinen Fenstern ganz verdeckt sah. Solche Witterung ist hier empfindlicher als bei uns die strengste Kälte, weil man sich gar nicht dagegen zu verwahren weiß. Wir sind im Hotel della villa, einem der ersten der Stadt, abgestiegen, und wohnen in zwei Sälen gleichen Stuben, die mit marmorartigem pavé de Venise gepflastert sind; große Spiegel hängen an den Wänden, aber weder ein Kamin noch ein Ofen sind darin zu finden. Wie jener Durstige, der bei den kostbaren gefundnen Perlen nur nach einem Trunk frischen Wassers verlangte, sehnen wir uns, die schönen, eiskalten Marmorsäle mit einer noch so dürftigen, aber warmen Stube zu vertauschen. Es ist jedoch nichts der Art zu erlangen, und ich kann wohl sagen, daß ich nie in meinem Leben mehr gefroren habe, als während der wenigen Tage unsers Aufenthalts in Genua — dem Lande, wo die Citronen blühen, die Glut der Goldorangen unter unsern Fenstern aber durch den Schnee sehr abgekühlt wird.

Ich glaube, eben so viel der Kälte wegen, als aus Wißbegierde, liefen wir den ganzen Tag in der Stadt umher. Den Anfang machten wir mit den Kirchen, deren es, die Klöster mit eingerechnet, nicht weniger als 3—400 giebt. Zu den ansehnlichsten gehört la chiesa dell' annunziatione, deren Inneres, so wie das mehrerer andern, ganz mit den seltensten Marmorarten ausgelegt ist; sie wurde von einem Privatmann, einem Lomellino, erbaut, der sein Geld wahrscheinlich hätte besser anwenden können. Ein häßliches

Bettelweib, das hier vor einem Marienbilde eifrig betend kniete, bat uns um ein Almosen; da sie nichts erhielt, streckte sie uns mit einer fürchterlichen Grimasse die Zunge nach, und schimpfte uns, immer mit Beten zur Jungfrau abwechselnd, weiblich aus, so ein zwar lächerliches, aber nur desto charakteristischeres Bild italiänischer Frömmigkeit darstellend.

Zur chiesa di Carignano gelangt man über eine ungeheure Brücke, die hoch über den im Thale unter ihr liegenden Theil der Stadt in drei weiten Bögen hinwegführt. Der Sebastian von Puget, eine Statue, die mir ihren Ruf nicht zu verdienen schien, ist das Merkwürdigste in dieser, übrigens in edlem Styl erbauten, Kirche.

Einen großen Theil seiner besten Gemälde hat auch Genua durch die Franzosen eingebüßt, doch finden sich noch der Aufmerksamkeit würdige in mehreren Kirchen. Dahin gehört eine Steinigung des heiligen Stephans in San Stephano, an der Raphael selbst wahrscheinlich mitgearbeitet hat, wenigstens ist ein großer Unterschied zwischen dem untern und obern Theil des Gemäldes zu bemerken, wovon der erste, dessen Handlung auf der Erde vorgeht, ungleich geistreicher behandelt und charakteristischer ausgeführt ist, als der zweite, dessen Schauplatz im Himmel ist, und von Giulio Romano herrührt. In der Kirche St. Ambrosio befinden sich ebenfalls einige schöne Bilder. Eine Assumption von Guido, wo besonders der Apostel Petrus von tiefgefühltem Ausdruck ist, eine Beschneidung von Rubens, wovon ich mich erinnere, die Skizze beim Grafen Lamberg in Wien gesehen zu haben, und drei Poussins von geringerer Bedeutung.

In den Gallerien des Pallastes Durazzo sind mehrere vortreffliche Sachen von Paul Veronese, Dürrer u. s. w.; eine Olinde auf dem Scheiterhaufen von Luca Giordano gehört, meiner Meinung nach, zu den lieblichsten Figuren, die eines Malers wollüstige Phantasie erschaffen kann. In komischem Contraste steht unter ihr eine antike Büste des Vitellius, von eben so treuem Ausdruck in ihrer Art. Noch ansehnlicher ist die Gallerie

Filippo Durazzo, in dessen Haus man eine eben so geschmackvolle als prächtige Treppe bewundert. Da wir uns nur wenige Tage in Genua aufhielten, so kann ich kaum mehr thun, als einige der vorzüglichsten hier befindlichen Gemälde zu nennen. Dahin gehört denn zuerst ein heiliger Sebastian von Domenichino. Dies unangenehme Sujet eines von vielen Pfeilen durchbohrten sich krümmenden Jünglings, ist hier so edel dargestellt, sein Schmerz so ideal ausgedrückt, als 'es wenigen Meistern gelungen ist. Dabei ist das Nackte ganz herrlich behandelt, die Zeichnung höchst correct und das ganze Bild von einem weit weniger trüben, ja ich möchte fast sagen, schmutzigen Colorit, als viele andre Domenichinos. Eine wunderschöne Vestale, die man nicht ansehen kann ohne sie lebend und ohne den Schleier der Vesta zu wünschen, von einem unbekannten Meister, der besten Manier Guido's am ähnlichsten; ein ehebrecherisches Weib von Broccacino, der man wohl die Sünde vergeben muß, so wie man ihr nur ins Auge sieht; einige Guido's und zwei sehr gefällige Vandyk's schienen mir bei meiner schnellen Durchlaufung der Gallerie der meisten Aufmerksamkeit werth.

Derselbe Marquis Durazzo besitzt einen sehr lieblichen Garten, der in zwölf Terrassen vom Hafen emporsteigt und von seinem Gipfel, wo ein elegantes Lusthaus erbaut ist, eine herrliche Aussicht gewährt. Der größte Theil des Gärtchens besteht aus Gebüschen von immergrünen Eichen und Erdbeerbäumen, deren rothe Früchte heute gleich Korallen aus dem blendenden Schnee hervorblickten.

Jeder Mensch weiß, daß die Genueserinnen nach den Römerinnen den ersten Rang der Schönheit in Italien behaupten, daß sie vor Allen mit unendlichem Geschmack und Mannigfaltigkeit den mezzaro umzuschlagen wissen, daß sie allein noch Cicisbeen halten sollen, wiewohl mir keine dieser männlichen Kammerjungfern (denn mehr sollen sie oft nicht einmal seyn dürfen) zu Gesicht gekommen sind — dies Alles brauche ich nicht zu wiederholen, eben so wenig als den Pallast

Sarra zu beschreiben, von dessen vergoldeten,
Säulen, und Lapis lazuli - Wänden jeder Reisende spricht.

Interessantes, Charakteristisches stieß uns aber
wenig hier auf, und das Wenige verhinderte mich,
die Kälte niederzuschreiben. Nie ging ich verdrossener an mein Tagebuch.

Parma den 6. Dezember.

Den 4ten reiſten wir mit einem Vetturino bei heftigem Schneegeſtöber nach Piacenza ab. Unſre Reiſegeſellſchaft beſtand aus dem jungen Franzoſen, der uns ſchon von Nizza aus beglei= tete und nach grade etwas läſtig wurde, und einem Negozianten aus Lyon. Nur mit der größten Mühe konnten wir über die Bocchetta, einen hohen Bergpaß ohnweit Genua kommen; am Fuß des Berges mußten wir mehrere Leute miethen, die, vor dem Wagen herlaufend, mit Schaufeln den Schnee wegräumen, und uns ſo gut als möglich einen Weg bahnen mußten. Demohngeachtet überraſchte uns die Nacht mitten in der Wildniß, und um das Unglück vollständig zu machen, brachen wir auch noch die Wagendeichsel. Jetzt war guter Rath theuer; die Menschen, welche wir mitgenommen hatten, wollten, sobald sie unsre Noth sahen, davon profitiren, und verweigerten dem Vetturino ihre Hülfe, wenn er ihnen nicht vorher einen Louisd'or bezahle. Dieser aber wollte lieber riskiren mit Wagen und Pferden zu verschneien und selbst zu erfrieren, als eine solche impertinente Forderung gewähren. Wir verließen sie im heftigsten Streite, nahmen Jeder unser Paket unterm Arm und wanderten zu Fuß der Herberge zu, wo wir denn, nachdem wir mehreremale unsere Länge im Schnee gemessen hatten, wohl erwärmt von der Motion, um Mitternacht ankamen.

Am andern Morgen fanden wir unsern Vetturino ebenfalls eingetroffen, immer noch fluchend über die Schändlichkeit der Genueser (er war aus Parma), die ihn finaliter um seinen Louisd'or geprellt hatten, und denen er allen das höllische

Feuer hunderttausendmal anwünschte. Ziemlich
spät erst setzten wir unsre Reise fort, und kamen
bei immer gleicher Kälte und Schnee, mit dem
die ganze Lombardei Schuhoch bedeckt war, durch
Novi und Tortona, ohne daß uns etwas, der
Erwähnung Würdiges begegnete.

Unser junger Franzose unterhielt uns unterdessen mit der lächerlichsten Rodomontade, über
die er endlich mit seinem Landsmann, den er
als einen Provinzialen mit einiger Verachtuug
zu behandeln affectirte, in Händel gerieth. Dieser,
der ein sehr determinirter Mann zu seyn schien,
sagte dem pariser Hasenfuß die Wahrheit so
derb, daß jeder Andre nur durch die strengste
Ahndung sich beruhigt hätte fühlen können; davon war unser Großsprecher jedoch weit entfernt,
sondern nahm sogar höchst lustig die Partie,
selbst vor Lachen über sich zu bersten, und die
Nasenstüber, die ihm Jener angeboten hatte, als
eine sehr drollige plaisanterie darzustellen. Der
Kaufmann wollte aber gar nicht in diesen spaß-
haften Ton mit einstimmen, verbot ihm zuletzt

gänzlich das Wort, weil er nichts wie dummes Zeug spräche und endigte mit der etwas sonderbaren Drohung: qu'il lui ferait rincer le gosier avec son diner, s'il soufflait encore la moindre parole. Da dieser Befehl pünctlich befolgt wurde, so wurde unsre Unterhaltung zwar etwas lakonischer, aber ungleich befriedigender, denn ein Stiller ist selten zur Last, ein Schwätzer hingegen, selbst ein geistreicher, wird bald, wenigstens für uns Deutsche, drückend.

Wir blieben die Nacht in Voguerra und paſſirten den Tag darauf nicht ohne Gefahr die gefrorne Trebia. Eine fremde Herrschaft, die mit uns zugleich Genua verlassen hatte, mit Extrapost aber einen großen Vorsprung gewann, war mitten im Fluß eingebrochen, und als wir erschienen, wurde eben ihr größer bepackter Wagen erst wieder flott gemacht. Auf dem andern Ufer fanden wir ein Wirthshaus, auf dessen Schild der industrieuse Wirth schnell mit großen Buchstaben hatte anschreiben lassen: La Trebia non si passa. Diese Nachricht brachte jeden Reisenden, der von dieser Seite kam, wenigstens dahin, einmal abzusteigen und sich eines Näheren zu erkundigen, wobei der Wirth doch einige Lebensmittel anzubringen gewiß Gelegenheit fänd, wenn er den Fremden auch nicht ganz bei sich zu erhalten vermochte.

Piacenza ist eine nette Stadt, wo wir auch ein gutes Wirthshaus fanden. Wir besichtigten die Cathedrale, deren Kuppel von Guercino gemalt ist. Auf dem Platz vor dem Rathhaus stehen zwei schöne Statuen der Prinzen Farnese zu Pferde von Bronze. Ganz in Schnee gehüllt sahen sie aus wie ein Doppelbild des steinernen Gastes im Don Juan.

Den nächsten Tag fuhren wir mit einer sehr schlechten Vetturinen-Equipage nach Parma. Nie bin ich so elend gefahren worden; wir legten nur einige Stunden Weges zurück, und sobald eine kleine Erhöhung kam, mußten wir aussteigen, weil die Pferde den Wagen nicht erziehen konnten; alle Augenblicke hielten wir noch außerdem an, um sie ausruhen zu lassen. Nicht weit von

Firenzola erhielten wir indeß einen seltsamen
Vorspann; ein hübsches Mädchen, die Tochter
des Vetturino, kam uns mit ihrem Liebhaber
entgegen, und beide zogen uns an schnell ange=
gebundnen Stricken vollends in den Ort hinein.

Am andern Morgen ging es uns wo möglich
noch schlechter, und in San Donino, einige Stun=
den vor Parma, sahen wir uns genöthigt, unsern
Vetturino, der nicht weiter fort wollte, beim
Friedensrichter zu verklagen; dieß war aber ein
dummer Teufel ohne Autorität, und wir mußten
uns am Ende selbst Hülfe schaffen, indem wir
einen andern Vetturino bis Parma nahmen.
Das Geld, welches wir ihm bezahlten, zogen
wir, ohngeachtet seines Schreiens, dem Vorigen
ab. Die Gegend wird täglich schöner und bietet
selbst im Winter noch große Reize dar; man
erblickt schon die Kette der Appenninen. Ehe
wir Parma erreichten, begegneten wir auf der
Straße vielen sehr hübschen Weibern in äußerst
eleganter Nationaltracht.

Ohne Zeitverlust begannen wir früh die Merk=

würdigkeiten der Stadt zu besichtigen. Die Kuppel der Cathedrale von Correggio ist sehr beschädigt. Augustin Carrache ist in dieser Kirche begraben. Interessant ist das Babtisterium in ganz altgothischem Geschmack, mit abentheuerlichen Gemälden. Im Schloß befindet sich das ungeheure Theater von Holz, welches das größte in Italien ist. Es fällt jetzt ein und vermodert, und schon seit langer Zeit ist es nicht mehr gebraucht worden. Daneben ist die académie des beaux arts, wo eine schöne antike Statue der Agrippina, ein Pyrrhus und andre Antiken aus Velleja sich auszeichnen. In der Bibliothek sieht man die berühmte Incoronazione, herrliches Freskogemälde von Correggio, welches in der Kuppel der Cathedrale wiederholt, hier aber weit besser conservirt ist. Man zeigte uns ein Manuscript des Bischofs St. Ildefons aus dem 10ten Säculo, mit vielen Miniaturgemälden und ein neueres von 1748, welches außerordentlich schön ist und auf Befehl Ludwig des Vierzehnten verfertigt wurde; wir bemerkten auch einige Prachtwerke aus der berühmten Druckerei des Bodoni. Im Kloster St. Paolo ist noch ein Zimmer mit wohlerhaltenen Freskogemälden von Correggio. Ueber dem Kamin Diana, ein schönes Weib, deren Ausdruck jedoch keineswegs Keuschheit ist, und rund um die Decke Gruppen von Knaben in hellen Medaillons auf schwarzem Grunde. Alles, was Grazie, Fülle, jugendliche Schönheit und seelenvoller Ausdruck darbieten können, scheint in diesen lieblichen Gestalten vereinigt zu seyn. Bei einem Commissair, der unsre Pässe unterschrieb, fanden wir eine ausgesuchte Gemäldesammlung, unter andern eine Skizze des in Genua erwähnten Gemäldes von Giulio Romano, die ich dem Original vorziehen würde, und einen Titian, (Christus von den Pharisäern versucht) der in erhabnem Ausdruck und genievoller Behandlung unter den Gemälden dieses Meisters seines Gleichen sucht. Ich sagte dem Commissair: Vous possedez là un véritable trésor.

„Oui, sans doute, rief er freudig, j'ai rassemblé ces tableaux là devant la revolution, et on me les payera bien, je vous en reponds, quand la paix me permettera de passer les monts."

Ich hatte den Mann wegen dem Enthusiasmus, mit dem er uns seine Sammlung zeigte, für einen Liebhaber der Kunst gehalten, und fand, daß er nur ein Liebhaber des Geldes war! In der Kapelle der Madonna della Scala ist ebenfalls ein schönes Gemälde von Correggio, nach dem die Kapelle benannt ist. Da es schon zu dunkel war, sahen wir es nur unvollkommen. Den Abend brachten wir in der Oper zu; die prima Donna, Madame Marcolini, eine hübsche Frau und gute Actrice, sang mit viel Gefühl und Methode.

Früh um 10 Uhr reisten wir in Gesellschaft eines jungen hübschen Mädchens und eines alten feisten Italiäners nach Bologna. Beim ersten Dorf, wo wir anhielten, kam ein junger Mensch an den Wagen und fragte, ob wir etwas zu essen verlangten. Da wir ihn für den Wirth des Gasthofs hielten, ließen wir uns Wein und Brod von ihm geben. Als wir bezahlen wollten, versicherte er, es sey schon bezahlt und stieg in den Wagen, wo wir erst erfuhren, daß er einer der Mitreisenden sey. Solche prätensionslose Artigkeit ist bei den Italiänern nicht häufig. Den ganzen Tag war es so neblich, daß man nicht zehn Schritt weit sehen konnte. Unser dicker Italiäner, Fortuna mit Namen, belustigte uns durch seine Grandezza und lächerliche Eitelkeit, mit der er bei jedem Anlaß erwähnte, daß er impegnato in polizia del regno d'Italia sey.

Wir fuhren ohne Aufenthalt durch Reggio, welches die Vaterstadt des Ariosts ist. Weiterhin liegt rechts von der Straße ab das Dorf Correggio, wo Allegri, genannt Corregio geboren ward. Die Nacht blieben wir in einem kleinen Ort, wo wir Gelegenheit hatten, die Freiheit italiänischer Sitte zu bewundern. Es war im Wirthshaus für uns Alle nur eine Stube zu bekommen gewesen und zwei Betten. Herr von Wulffen und ich legten uns sogleich nach Tische, als noch die Lichter und das Feuer im Kamine brannten, in das Eine, begierig, wie die andern Beiden sich mit dem sehr hübschen Frauenzimmer eintheilen würden. Diese hatte sich aber unterdeß schon mit dem jungen Menschen verständigt, der sie ausziehen half und ohne die geringste Scheu vor uns, sich mit ihr in das zweite Bett legte, dann aber erst das Licht auslöschte. In der Nacht träumte ich von Boccaz, und im Schlafwachen mußte ich aufgestanden seyn, den plötzlich stieß ich heftig an Jemand an, erwachte und fand, daß es mein Freund Wulffen war, der, wie es schien, einen ähnlichen Traum gehabt hatte. Dieses Ereigniß gab uns noch am andern Tag manchen Stoff zum Lachen.

Da wir uns einige Stunden in Modena aufhielten, benutzten wir diese Zeit, das herzogliche Schloß und in der Cathedrale den alten Eimer zu sehen, der durch Tassonis Gedicht, la secchia rapita, berühmt geworden ist. Dieser alte morsche Eimer war bekanntlich die Ursach eines siebenjährigen blutigen Krieges zwischen den Modenesern und

Bolognesern. So wie in Venedig die Gondeliers Stanzen aus dem Tasso singen, wissen alle Bettler hier von der secchia rapita des Tassoni zu erzählen.

Abends spät langten wir in Bologna an; die Kälte hatte sich vermindert und es regnete heftig.

Früh besahen wir die schöne und große Kirche der heiligen Petronia. Hier ist die berühmte Mittagslinie von Cassini, deren Weiser 83 Fuß Länge hat. Der Neptun auf der Fontaine am Palazzo publico ist eine schöne Statue voll kraftvollen Ausdrucks. Interessant sind zwei Thürme, wovon der eine durch seine große Höhe bei sehr geringem Umfang, der andere durch seinen schiefen Bau auffällt. Im Institute, einem edlen Gebäude, findet man mehrere werthvolle Sammlungen, besonders vollständig ist die physikalische. Im Naturalienkabinet sahen wir ein schönes Assortiment Corallen von der weißen Farbe an in allen Nüancen bis zur blutrothen fortgehend, Madrepore, die zu Agat in merkwürdigen Formen versteinert waren, ein ungeheures Stück rohen Magnet u. s. w. Auch eine Sammlung interessanter

Antiken findet sich hier, worunter besonders viele Haus - und Putzgeräthe, Ringe, Bracelets von Eisen, von Gold u. s. w.; endlich verdienen mehrere vortrefflich gearbeitete Kunstwerke in Elfenbein aus dem Mittelalter Aufmerksamkeit.

In der alten Universität ist ein schönes anatomisches Theater, da aber Bekleidung der Wände, Zierathen und Büsten nur von Holz sind, so fängt es an zu vermodern. In der Kapelle sieht man vortreffliche Freskogemälde von Bartholomeo Cesi, worunter sich besonders eine in durchsichtigen Flor eingehüllte Figur, welche la fede genannt wird, auszeichnet. Ein andres Bild stellt den Tod der Jungfrau vor, die so gemalt ist, daß sie, man mag das Gemälde ansehen, von welcher Seite man will, dem Beschauer immer die Augen zuzukehren scheint. Die Studenten werden jetzt angehalten, militairische Exercitien zu lernen, und in einem der größten alten Hörsäle sahen wir viele hundert Flinten und andre Waffen aufgestellt, mit welchen der Vice-

König die Studenten beschenkt hat *). In der eleganten Kirche St. Salvador ist der Hauptaltar mit verde antico, Lapis Lazuli, Agat und andern guten Steinen bekleidet. Leuchter und Geräthe waren vor der Revolution von gediegnem Gold. Man sieht, in der Kirche zwei verdienstvolle Gemälde von Giacomo Coppi und Garoffolo. Von allen Gemälden von Guido steht, meiner Meinung nach, der heilige Petrus in der Gallerie des Grafen Zampieri obenan. Dieses Gemälde ist mit Recht so berühmt, daß der Besitzer sich zuweilen im Auslande, um sich von andern Gliedern seiner Familie zu unterscheiden, Zampieri di San Pietro nannte. Der über sich selbst unwillige Trotz, der tiefe Kummer, den er verbergen will, und der doch mit Gewalt aus dem halb trotzigen, halb beschämten Gesicht hervorblickt, der herrliche edle Kopf, den er mit einer Hand stützt, während die andre trostlos in den grauen Haaren wühlt — Alles im höchsten Grad voll-

---

*) Es scheint, daß Napoleon sich nicht so sehr vor den Studenten fürchtete, als es bei Vielen heute der Fall ist.

kommen gemalt, macht eine unbeschreibliche
Wirkung. In demselben Zimmer hängt der berühmte Raub der Proserpina von Albano, ein
liebliches Bild, mit reizenden Knaben, die alle
wahrhaft Fleisch und Blut zu haben scheinen.

Nach Florenz reisten wir in Gesellschaft eines
Bolognesers, eines zwar nicht im Geringsten
wissenschaftlich gebildeten, aber durch sein glückliches und feines Naturell höchst liebenswürdigen
Mannes, und eines französischen Regiments-
Chirurgus. Der Schnee lag hoch in den Appenninen, wiewohl es thaute, was den Weg noch
verschlimmerte. In Lujano, mitten im Gebürge,
blieben wir die Nacht. Wir fanden hier eine
neue Gesellschaft, die aus zwei Franzosen, einem
andern Chirurgus und einem, mit geschwollnen
Beinen einhergehenden alten Krieger, nebst einer
hübschen Frau aus Florenz, bestand. Da nicht
genug Betten, und noch weniger weiße Ueberzüge
da waren, legte sich blos die Dame mit ihrer
Kammerjungfer ins Bett, wir Uebrigen brachten
die Nacht auf Kanapee und Stühlen zu, und

fast bis am Morgen wurde gescherzt und die arme Dame beunruhigt, die wir nicht viel mehr schlafen ließen, als uns selbst. Den andern Tag kamen wir ziemlich früh nach Pietra mala, und gingen, während man unsre Sachen visitirte, nach dem eine halbe Stunde entfernten Feuer, welches dort seine immer brennende Fakkel aufgesteckt hat; es steigt in der That, ganz in Gestalt einer Fak-kel bald höher bald niedriger flammend, mitten aus der Erde empor, ohne daß irgend eine Spalte oder eine Art von Vertiefung dabei zu entdecken wäre. Die Gegend ist wild, öde und phantastisch. Eine halbe Stunde vor Florenz hat man von der Höhe der Appenninen eine herrliche Aussicht auf die Stadt. Der Schnee war verschwunden, blühende Mandelbäume, reifende Oliven hatten seinen Platz eingenommen; die Sonne, die wir lange nicht gesehen hatten, trat endlich aus den trüben Wolken hervor, den bunten Marmor-Dom herrlich beleuchtend, und eine mildere Luft verkün-digte Italiens glücklichen Himmel. Ich benutzte heute eine Gelegenheit, mit dem Bologneser, unserm erwähnten Reisegefährten, auf dem Arno nach Pisa zu schiffen, eine äußerst angenehme Fahrt im Winter, die bezaubernd im Sommer seyn muß. Wir blieben die Nacht in einer Stadt, deren Namen ich vergessen habe, und zwar in einem Wirthshause, das, ächt italiänisch, zugleich eine andre Bestimmung hatte, welche bei uns unter der Polizei steht. Es versteht sich also, daß man nur von Mädchen bedient wurde. Die Bewirthung war übrigens vortrefflich.

Noch früh kamen wir in Pisa an, einer schönen aber äußerst todten Stadt. Der Arno fließt mitten hindurch und bietet auf seinen Quais den angenehmsten Spaziergang dar. Drei Brücken führen über den Fluß; auf der mittelsten die von Marmor ist, wird das berühmte Gioco del ponte gehalten und in einem Hause daneben bewahrt man die Rüstungen und Waffen der Streitenden auf. Ich ging sogleich nach dem schönen, im 11ten Jahrhundert erbauten Dom, der mitten auf einem grünen Rasenplatz steht. Den famosen schiefen Thurm fand ich viel eleganter als ich erwartet hatte, aber weniger inclinirt als den von Bologna. Die bronzenen Thüren der Kirche sind bekanntlich ein Meisterstück des Giovanni Bolognese, und Tausende von Figuren mit der mühsamsten Genauigkeit und Eleganz darauf abgebildet; wenig Kunstwerth dagegen haben die, mit steifen gothischen Figuren geschmückten bronzenen Pforten, genannt von Jerusalem. Im Batisterio ist eine Kanzel von transparentem orientalischem Alabaster. Eine ernste, heilige Stimmung erweckt das Campo santo, wo 560 Grabsteine so viel vermoderte Gerippe decken. Ich übergehe, was in jedem Itineraire hierüber nachzulesen ist.

Nachmittags fuhr ich nach Livorno, eine heitre, freundliche Stadt mit hohen Häusern, einem großen Platz und einem schönen Hafen. Livorno ist ein wahrer Lebeort; alle Arten von Vergnügungen und alle Arten von Waaren sind, auch noch jetzt während des Krieges, hier zu finden. Der erste Anblick der Stadt, das Gewühl in den Straßen und die äußerst freien Sitten der Ein=

wohner zeigen sogleich dem Fremden, daß dieser Ort nur dem Handel und der Lust gewidmet sind. Man muß in Livorno das Waarenmagazin des Herrn Michali sehen, welches vielleicht in der ganzen Welt nicht seines Gleichen hat; es braucht eine vollkommne Reise, ehe man an das Ende seiner ungeheuren, mit allen Arten von Dingen angefüllten Gewölbe kommt; besonders schön sind die Alabastermagazine und Alles schien mir zu sehr billigen Preisen. Wenn es Abend wird, kann man sich auf der Straße kaum vor den ruffianis retten, die Duzzendweise anbieten, was die Decenz nicht einmal zu nennen wagt. Zum Scherz gingen wir indeß doch mit Einem, der uns wirklich eines der schönsten Mädchen zeigte, das ich je gesehen habe. Merkwürdig war der ächt italiänische Mangel an Delicatesse, mit dem mein Begleiter sogleich beim Eintritt fragte: „Quanto si paga da lei?" „Ma quattro Scudi, la sapete," war die Antwort, und nun fingen sie an zu handeln. Da das Paar aber nicht einig werden konnte, gingen wir nach Haus, wo uns im schwarzen Adler ein sehr gutes Abendessen aufgetischt wurde.

Den 4ten besuchte ich das Theater, das groß und hübsch ist. Die Opera Buffa, welche gegeben wurde, war aber sehr mittelmäßig.

Mit einem Einspänner reiste ich den andern Tag allein wieder nach Florenz zurück; denn mein Bologneser fand einen Magnet, der ihn nicht mehr losließ, und wahrscheinlich gratis zurückhielt.

Ich hatte einen dicken Mann neben mir, bis zum Nachtquartier, der den ganzen Weg schlafend, mich manchmal fast mit seiner Last erdrückte. Das Wetter war entsetzlich, und da mein elender Wagen nur wenig Schutz gab, wurde ich so naß, als wenn ich im Arno gebadet hätte. Der Wirth, mit dem ich am Abend, wie man in Italien immer thun muß, zu accordiren vergessen hatte, brachte mir eine so unverschämte Rechnung, daß ich beschloß, damit zum Giudice di pace zu gehen. Da ich mich diesmal für einen Franzosen ausgab, ging Alles gut, und der Wirth mußte mit der Hälfte zufrieden seyn. Mit Mühe bekam ich bei dem anhaltenden Regen einen Vetturino bis zur nächsten Station für einen übertriebnen Preis. Dort wollte ich durchaus nicht mehr eben so viel bis Florenz geben und entschloß mich, ohngeachtet des schlechten Wegs und des abscheulichen Wetters zu Fuß zu gehen. Nach einigen Stunden des mühsamen Marsches wurde es stockfinster und der Weg so ungangbar, daß ich zu spät meine Obstination bereute. Mehreremal war ich stecken geblieben oder hingefallen, als ich die vorletzte Station vor Florenz erreichte, dort Extrapost nahm und mit dieser dann bald im Gallop in Florenz anlangte, wo ich in Schneiders berühmtem Hotel Herrn von Wulffen gesund und über den hiesigen Aufenthalt sehr entzückt antraf.

Ich fing meinen giro am Morgen mit dem ponte vecchio an, eine mit Häusern eingefaßte Brücke, von der man eine der lachendsten Aussichten hat. Der Platz des alten Pallasts ist mit schönen Statuen aus Marmor und Bronze geziert. Herrlich ist der mit rothen, weißen und schwarzen Marmor bekleidete Dom und seine hohen majestätischen Thürme. Das Ganze steht einem ungeheuren Porzellanaufsatz ähnlich. Daneben steht das Baptistaire mit seinen leuchtenden Thüren aus Bronze. Unter mehreren schönen Palläsien zeichnet sich vor allen der Pallast Pitti aus, besonders die Architektur des innern Hofes. Hinter dem Pallast ist der immergrüne Garten Boboli, mit Alleen, Boskets, Statuen, Rasenplätzen und herrlichen Aussichtspuncten auf Stadt und Fluß. Die berühmte Begräbnißkapelle der Medicis ist ein weiter hoher Saal, der mit den kostbarsten Steinarten ausgelegt ist; im Kreise umher stehen die Sarkophage der Fürsten aus diesem Hause, jeder mit einer goldnen, mit ächten Steinen besetzten Krone auf dem Haupt; neben der Kapelle befinden sich die herrlichen Statüen, die Nacht und Cosmus Medicis von Michel Angelo. Interessant ist die Akademie der Florentiner Mosaik, welche bekanntlich viel geschätzter und theurer als die Römische ist, weil sie aus wirklichen Steinen, jene nur aus Pasten besteht.

Heute besuchte ich Raphael Morghen, den ich

fleißig mit seiner Transfiguration beschäftigt fand.
Er sagte mir, daß er das Original seiner berühmten Cena nie gesehen, sondern nur nach einer
Zeichnung gearbeitet habe. Dies erklärt die Un-
bedeutendheit des Christusgesichts auf diesem
Kupferstich. Eine halb vollendete Platte nach
der göttlichen Fornarina wird, nach meinem Gefühl, eins der besten Blätter werden, die Morghen
gemacht hat. Im Vorbeigehen besah ich flüchtig
die anatomischen Wachsfiguren des Museums
und verweilte, meinen Gedanken Audienz gebend,
länger noch vor dem alten Pallast der Bianka
Capello, den viele Freskomalereien bedecken, und
über dessen Thurm ein Hut in Stein gehauen
zu sehen ist. So viel ich Zeit habe gewinnen
können, habe ich natürlich in der Gallerie zugebracht, die nichts als die Venus Medicis eingebüßt hat, und auch diese vielleicht nicht verloren
hätte, wenn sie nicht nach Sicilien geschickt und
unterwegs von den Franzosen aufgefangen worden
wäre. Der Muth des Custoden, der sich vor die
Thür der Gallerie hinlegte und versicherte, daß

man nur über seinen Leichnam einbringen solle, rettete sie vor den Gallischen Kunstfremden.

Mit dem Vetturino und in Gesellschaft einer alten schwindsüchtigen Dame, einer wahren ambulanten Leiche, und des jungen Herrn Brun, Sohn der Dichterin, den wir auf der Florenzer Gallerie kennen gelernt hatten, reisten wir nach Rom. Siena, eine ziemlich große und antik aussehende Stadt hat einen imposanten Platz, mit dem großen Rathhaus auf der einen Seite und einem Halbkreis hoher Häuser gegenüber. Auf der Anhöhe daneben steht die marmorne Cathedralkirche, in der man mehrere schöne Mosaiken und die herrliche, leider sehr verstümmelte, Gruppe der drei Grazien bewundert. Hinter Siena begegneten wir vielen Karren der Bauern, deren Form und Räder noch ganz dieselbe als die der alten Thriumphwagen schien. Die Ochsen wurden mit eisernen, durch die Nase gezognen Ringen geleitet. Die Wirthshäuser auf dieser Route

sind über alle Begriffe schlecht. In Tornieri
konnten wir nichts anders als in Oel gekochte
Bohnen erhalten. Demohngeachtet machte man
uns eine übermäßige Rechnung, wir bezahlten
aber ein für allemal nur die Hälfte von dem,
was uns die Wirthe abforderten und ließen sie
schreien. Die Donna in Tornieri jedoch, eine
wüthende bluthroth gekleidete Megäre, lief uns
lange Zeit nach; da sie uns aber unerschütterlich
fand, rief sie, indem sie ein am Gürtel steckendes
Messer wüthend in die Erde warf, mit vor Zorn
erstickter Stimme aus: „Un altro le pagera!"
Auf einem hohen Berge seitwärts lag romantisch
das Städtchen Chiusi, das alte Clusium, Residenz des Königs Porsenna, wie Herr Brun uns
belehrte. Wir begegneten immer mehr Wagen
in alter Form und die schlechtesten Lampen in
den Wirthshäusern glichen auch heute noch den
Antiken dieser Art. Vor San Geronimo kamen
wir durch ein schönes Wäldchen von Oelbäumen.
In Ricorsi blieben wir die Nacht und wurden

elend bedient; ein Huhn war so zäh, daß wir es nur mit Hülfe eines Zuckerschlegels tranchiren konnten. An reine Betten war auch nicht zu denken. Wir passirten den hohen Berg von Radicofani, wo wieder Schnee lag. Sechsmal mußten wir durch denselben Fluß setzen. Hinter Radicofani wurde die Gegend schöner. Hinter Aqua pendente sahen wir einen pittoresken Wasserfall und bei San Lorenzo entzückte uns eine herrliche Aussicht auf den See von Bolsena. Er ist sehr groß, fast rund und überall von hohen Ufern umgeben, die mit unabsehbaren dichten Eichenwäldern bedeckt sind. Man glaubt sich im Norden. Links sieht man das durch seine Wälder und Raphaels Gemälde berühmte Bolsena. Die Luft ist hier äußerst ungesund; wir kamen bei der Ruine von Alt-Lorenzo vorbei, das unter dem vorigen Pabst die Einwohner bloß wegen Aria cattiva verlassen haben, und das jetzt schon einer hundertjährigen Ruine gleicht.

In Monte Fiaschone tranken wir von dem herrlichen Wein, der unsern alten deutschen Reisenden das Leben kostete, und sich leider nicht verführen läßt. Der Weg war äußerst schlecht und fast grundlos, so daß uns der Vetturin einmal über das andere ermahnte: „Filioli, seyd fromm, sonst kommt Ihr nicht gesund nach Rom!" Wir fanden auch bald darauf einen Wagen, der stecken geblieben, und einen andern, der in den Graben zur Seite geworfen worden war. Ueber Berge, fortwährend mit Eichenwäldern bedeckt, und bei mehreren Seen vorbei, kamen wir mit Beginn der Nacht nach Ronciglione. Auf der ehemaligen Via Cassia, von der noch manche Rudera der jetzigen Straße dienen, setzten wir unsre Reise fort. Die Wüste um Rom macht von hier eine traurige Wirkung, man sieht kaum einen Strauch rechts und links bis an die fernen Berge. In Storte, einige Stunden vor Rom, aßen wir zu Mittag und wurden wie gewöhnlich entsetzlich geprellt. Die alte Wirthin sah wieder aus wie

Gift und Dolch, und wir dankten dem Himmel, als wir ihr aus den Augen waren. Lange, ehe man Rom erreicht, erblickt man die Peterskuppel, endlich erschien auch die Tiber, und wir fuhren mit klopfendem Herzen über den ponte molle in die heilige Roma ein.

(Hier findet sich ein großer hiatus in meinen Tagebüchern. Wie manche Leute, wenn sie verliebt sind, nicht essen können, so habe ich von jeher in gleichen Zuständen, außer Liebesbriefen, nichts mehr schreiben können. So ging es mir denn auch in Rom. Glücklicherweise, daß die große Passion, welche mich dort ergriff, italiänischer Natur war, d. h. in drei Monaten geboren, erwachsen und geendet. Schon im letzten Monat holte ich wieder die Feder hervor, wiewohl sparsam. Leider ergriff mich in Neapel noch ein weit ernsteres Fieber, und von beiden Städten, mit allen ihren reichen Umgebungen, werden Sie daher, theure Fürstin, nur wenig zu hören bekommen. Die Schilderung meiner innern Zustände verspare ich aber, bis ich einmal einen Roman oder meine Memoiren schreibe.)

Rom 1809.

Seit länger als zwei Monaten bin ich hier, und streife jetzt erst täglich mit meinem Antiquar unter alten und neuen Ruinen, in Kirchen und Gallerien umher; ich werde nicht müde zu sehen, und unerschöpflich an immer neuen Gegenständen bleibt Rom, Rom noch immer die erste Stadt der Erde, obgleich seit langen Zeiten nur noch der Leichnam der alten Weltbeherrscherin. In der Jahrtausende Lauf sind zwar der Republik und der Kaiser Macht dahin geschwunden, selbst die Blitze des Vaticans sind erkaltet und eine neue Armee siegreicher Gallier hat endlich, unter allem, was man dem entfernten Alterthum mühsam entrissen hatte, das Berühmteste wieder hinweg-

geführt. Aber doch ist der Ueberfluß an Kunst=
schätzen fast immer gleich unermeßlich — der
einzige, den man anzugreifen vermochte — alles
Uebrige, worauf Rom stolz ist, muß wohl bleiben
wie es war, weil man es doch nur barbarisch
zerstören, glücklicherweise nie versetzen könnte!
Gleich ehedem steigt also auch heute noch Sankt
Peters hoher Dom „ein zweiter Himmel in den
Himmel," noch steht auf seinem alten Ort das
Coliseum, Agrippa's Pantheon, Trajan's und
Antoniu's berühmte Säulen, Aegyptens Sonnen=
obeliske, Bronini's weite prachtvolle Fontainen,
Bramante's, Michel Angelo's und Raphael's
Palläste; noch wandelt man auf jenem wunder=
reichen Boden, wo jeder Schritt zu einem neuen
Denkmal führt, und jeder Blick erhabne Bilder
der Vergangenheit in dem Beschauer hervorruft.

Mit einem guten Freunde erstieg ich gestern
die Ruinen des Friedenstempels, von dem man
eine bezaubernde Aussicht über das alte und neue
Rom genießt. Sie ist nicht allen Fremden be=
kannt, weil man nur durch das Haus und den

Garten der daneben wohnenden Klosterfrauen dahin gelangen kann, deren Erlaubniß hierzu nicht zu jeder Zeit ertheilt wird. Wir fanden die verfallnen Mauern oben dicht mit wohlriechenden Tazetten, Narcissen und Goldlack bedeckt, unter deren duftende Blüthen hingelagert wir das uns umgebende Panorama studirten.

Zu unsern Füßen lag das alte Forum mit den Resten seiner Tempel, seinen einzelnen Säulen und den Triumphbögen des Titus und Septim Sever's; rechts zur Seite erhob sich, hinter den Tempeln des Jupiter tonans und der Concordia virilis, das Capitol; vor uns stand der Palatin mit den unermeßlichen Trümmern der Kaiserburg, die jetzt wildes Buschwerk halb dem Auge verbirgt; weiter rückwärts der Cölius mit dem Tempel des Clodius, und der Aventin mit dem Priorat von Malta; linker Hand das Flavische Amphitheater oder Coliseum, der Bogen Constantin's, der Obelisk des Lateran, und in der Ferne der malerische Tempel der Minerva medica; daneben der Esquilin mit den Bädern des

Titus; hinter uns die Säule Trajan's, und auf dem Quirinal des Pabstes Pallast und die Colosse von Monte cavallo; von den Häusern der Stadt bedeckt verschwand die unmerkliche Erhöhung des daneben liegenden Viminals, des letzten der sieben Hügel. Gaben wir unsern Blicken einen weitern Spielraum, so unterschieden wir hinter der gelben Tiber, im Westen vor uns den Janiculus, die Peterskirche und die prächtigen Gärten der Villa Doria; im Süden das majestätische Grabmal der Gemahlin des Crassus, Cecilia Metella, Frascati und den Monte Cavo, wo der Tempel des Jupiter Latialis stand, in dem die römischen Feldherrn ihre Orationen hielten; in Osten die Bergkette des Gemaro, und Tivoli an ihrem Fuß, in weiter Ferne des Velino schneebedeckte Gipfel; im Norden den zackigten Soracte und näher den cypressenreichen Monte mario mit der Villa Madama, die Giulio Romano nach Raphael's Zeichnungen erbaute.

Von allen Städten, die ich kenne, bietet Rom, ohngeachtet seiner öden Campagna, die schönsten und mannigfaltigsten Aussichten dar; dieselben Gegenstände von hundert verschiednen Standpuncten angesehen, scheinen auch hundert verschiedne Gestalten anzunehmen; nur darin bleiben sie sich gleich, daß ihre vorzügliche und charakteristische Schönheit immer in der Menge seltsam durch einander geworfner Ruinen aller Formen, und der bald einzeln gruppirten, bald in Gebüschen zusammentretenden Pinien besteht, deren weit gewölbte in der Luft schwebende Lauben der Landschaft einen unbeschreiblichen Reiz verleihen.

Ich lebe in jeder Hinsicht sehr angenehm in Rom — den Tag über schwelge ich in allem Herrlichem, was Natur und Kunst nur gewähren können, Abends erhole ich mich von der genußreichen Ermüdung in einem ausgewählten gesellschaftlichen Cirkel, den ich in mehreren der ersten hiesigen Häuser, so wie auch denen einiger Fremden, jeden Abend anzutreffen gewiß bin. Als

guter Sachse nenne ich zuerst unsern liebens=
würdigen Prinzen Friedrich von Sachsen=Gotha,
dessen Enthusiasmus für Kunst und Großmuth
gegen Künstler ihm bei den Römern den Namen
ihres zweiten Mäcen's erworben haben. Gewiß
verbindet er auf ausgezeichnete Weise mit den
Vortheilen einer hohen Geburt viele glänzende
Eigenschaften, doch theilt er auch mit seinem
Bruder, dem regierenden Herzoge, manches höchst
Sonderbare in seinem Benehmen, das oft mehr
weibisch als männlich erscheint. Seine größte
Schwäche aber ist, sich einzubilden, er sey ein
großer Sänger, obgleich er in Wahrheit nur wie
ein Hahn kräht. Wenn er daher Concerte giebt,
in denen er selbst auftritt und mit den größten
hier lebenden Virtuosen Duette singt, so ist es
beinahe nicht möglich sich des Lachens zu ent=
halten, und ich bewunderte immer die unzerstör=
bare Contenance der Musiker, welche in dieser
Farce mit agiren müssen.

Die Gräfin S.... mit ihrer Tochter, der
Fürstin D....., zwei Damen von eben so aus=

gezeichnetem Geiste und Kenntnissen als anerkannt vortrefflichem Charakter, versammeln ebenfalls in ihrem Hause den interessantesten Theil der Einwohner Roms; die Fürstin ist selbst verdienstvolle Künstlerin und seit kurzem Mitglied der Maler-Akademie, deren Präsident der schöne und berühmte Ritter Camucini ist.

Die leichtfertige Welt behauptet, daß der Präsident keine gelehrigere Schülerin habe als die Prinzessin, der die pedantischen Deutschen wohl auch verdenken würden, daß sie in der Akademie viel nach der Natur zeichnet. Hier fällt dies nicht auf, und es ist wirklich ein großes Vergnügen, bei den Malern diese wundervollen Modelle, nur im Schmucke der Natur zu sehen; denn selbst Individuen aus den mittlern Ständen enthüllen bei solchen Gelegenheiten ohne Scheu alle ihre Reize, keinen einzigen ausgenommen, jedoch muß für jeden Theil besonders accordirt und bezahlt werden.

Noch zeichnet sich unter den Fremden, die ein Haus machen, der geistreiche Prinz Poniatowsky und Madame Brun, die bekannte nordische Bardin, aus, die auch hier auf südlichem Boden manche liebliche Blume pflanzte. Die schönsten, die von ihr herrühren, sind ohne Zweifel ihre beiden Töchter, von denen die eine zugleich ein wunderbares mimisches Talent entwickelt hat. Sie ist dabei so ätherisch, daß sie, wie die Mutter wenigstens versichert, nur von zwei Eiern täglich lebt.

Madame Brun leidet an Taubheit, und bedient sich eines kleinen Horns in der Conversation, ist aber so unterrichtet über Rom, wie über Alles, was in das Fach der Kunst einschlägt und zugleich so mittheilend, daß man in ihrer Begleitung den Vasi entbehren kann. Sie ist dabei äußerst gefällig und gütig, aber für ihr Alter doch beinah zu sentimental. Als ich sie das erstemal sah, sagte sie mit trübem Blick nach dem Fenster sehend: „Ach! der Himmel weint wieder über die Sünden der Erde!" Es sollte dies nichts anders heißen, als daß es regne.

Ich machte bei ihr die Bekanntschaft Oehlen=

schlägers. Es ist ein hübscher junger Mann, der gleich einem Helden seiner eignen Trauerspiele aussieht, d. h. also, eben nicht allzu kräftig.

Der General Miollis, Président des états romains, ein gelehrter Alterthumskenner, lebt im Palast Doria auf einem sehr großen Fuß, und es mag dem Besitzer desselben vielleicht nicht sehr angenehm seyn, wenn in der prächtigen Bildergallerie Tafeln von mehr als hundert Gedecken statt finden, bei denen wenig Rücksicht auf die Erhaltung der (fast bis auf den Boden herabhängenden) Gemälde genommen wird. Der Pabst hatte das Carnaval verboten, der Präsident es befohlen, das Volk nahm aber wenig Theil daran. Neulich gab der General ein großes Fest, und ließ während dem, auf seines Kaisers Befehl, den Pabst entführen, als sey er nur eine hübsche Nonne.

Glücklicherweise war ich dem heiligen Vater noch vorher vorgestellt worden, und hatte seine Hand geküßt. Er saß wie ein Bild hinter seinem Stuhl, während ich meine drei Genuflerionen machte, stand aber auf, als ich ihm die Hand geküßt hatte, und unterhielt sich nachher sehr herablassend mit mir, wobei er von der römischen Gesellschaft vortrefflich unterrichtet schien. Zuletzt gab er mir sogar den angenehmen Auftrag, der Gräfin Schouwaloff ein Geschenk anzuzeigen, das Seine Heiligkeit ihr bestimme. Es war die Copie der drei großen Obelisken Roms in rosso antico. Beim Abschiede fanden nicht mehr Ceremonieen als bei jedem Privatmanne statt, und der heilige Vater begleitete mich bis an die Thür.

Als die seltsamste Figur bei der ganzen Präsentation erschien mir der päbstliche Kämmerling, der halb wie ein Prälat und halb wie ein Kunstreiter angezogen war.

Zwei schöne Frauen der hiesigen Gesellschaft sind die Fürstinnen Cerevetri und die Duchessa Lanti, die erste im sanften, die andere im feurigen Genre. Für eine große Schönheit wird auch Madame Markoni, eine Banquiersfrau, gehalten. Sie hat aber nicht das mindeste Italiäni=

ge in ihrem Wesen, sondern gleicht ganz einer alten Nordländerin. Da sie sehr reich ist, trug sie auf dem letzten Balle bei der Duchessa Cesarini ein Kleid, dessen sämmtliche Garnituren von großen Diamanten geformt waren. Ueberhaupt findet man hier noch eine bedeutende Pracht in dieser Hinsicht. Die alte Herzogin von Chablais, die der Hexe von Endor gleicht, lockte dennoch die Augen gleichfalls auf sich durch eine Schnur Perlen größer als Haselnüsse.

Bei dem (noch reichern) Banquier Torlonia ist man immer gewiß, alle Fremde anzutreffen, die nach Rom kommen und irgend präsentabel sind. Er selbst erinnert ein wenig an Turkaret, soll aber von sehr gutartiger Natur seyn.

Für mich, der das Spiel liebt, ist das Haus der Prinzeß Chigi das angenehmste. Der Abbé Guldi legt dort jeden Abend eine Pharobank auf (denn die Geistlichen unterziehen sich hier jedem Metier ohne Ausnahme), an der in diesem Augenblicke Graf Schulenburg und ich die stärksten

Ponten sind. Vor einiger Zeit starb an dieser
Bank die alte Fürstin B . . . ., fast vor unsern
Augen, an einem abgeschlagenen Paroli. Ihr
ganzes Gesicht verdrehte sich mit einemmal gräß-
lich, worauf sie vom Stuhle fiel. Das verlorne
Paroli hatte sie gerührt, und der Schlag darauf
getroffen. Nachdem sie, schon in den letzten Zügen, nach Hause gebracht worden war, ging das
Spiel seinen Gang fort, wie auf dem Schlacht-
felde, sans faire attention aux blessés.

Ueberhaupt ist hier die Gesellschaft noch sehr
lebenslustig wie in der guten alten Zeit, und
kennt wenig von unsern ängstlichen Rücksichten;
dennoch, wenn ich meines Großvaters Tage-
bücher aus Italien durchblättere, finde ich, daß
sie viel moralischer und weniger glänzend geworden ist, als sie damals war. Es scheint bei diesem damals aber auch gar zu arg hergegangen
zu seyn!

Gestern besuchte ich Camucini in seinem Atte-
lier. Es nimmt den ganzen Stock eines großen

Pallastes ein, und besteht aus mehreren, in edlem Styl decorirten Sälen, die mit Gypsabgüssen der besten Antiken, Studien nach Raphael und andern großen Meistern, auch Gemälden vom Besitzer selbst ausgeschmückt sind. In dem größten der Säle, wo er eben arbeitete, stand der vom Herrn von Kotzebue so gut beschriebene Tod der Virginia, und gegenüber, als Seitenstück, Cäsars Tod, ein Bild, das noch nicht vollendet ist. Alle Hauptpersonen sind Portraits, nach den besten Büsten und den Schilderungen der Geschichtschreiber, und der Ausdruck in den Gesichtern dem Charakter jedes Einzelnen vortrefflich angepaßt. Cassius zeigt nur wilde Wuth, an Brutus krampfhaft gespannten Zügen sieht man, welche fürchterliche Gewalt er sich anthut, gegen alles Widerstreben seines bessern Gefühls eine grausenvolle That zu begehen, die sein irregeleiteter Patriotismus für Pflicht hält; Casca, der den ersten unsichern Stoß that, steht mit bebenden Lippen und scheint, über seine eigne Kühnheit entsetzt, alle Fassung verloren zu haben. Die meisten der übrigen Senatoren drücken nur Angst, Bestürzung und Unruhe aus; Cicero ist von seinem Sessel aufgesprungen und, obgleich ihm das Vorgehende nicht zuwider seyn mag, so scheint er sich doch ängstlich nach einem Ausweg umzusehen, durch den er wenigstens seine eigne Person auf allen Fall in Sicherheit bringen könne. Cäsar selbst ist an der Säule des Pompejus niedergesunken, er wehrt sich noch mit verzweifelndem Muth, aber das Zucken des Todes hat schon sein erblaßtes Gesicht ergriffen, doch furchtbar blickt sein Auge, und verbreitet im Sterben noch Schrecken über die Mörder. Im Hintergrunde steht Antonius, von nichts wissend, in der Thür, mit dem Rücken gegen die Scene gewandt und emsig von mehreren Verschworenen unterhalten, die seine Gegenwart im Saale fürchten. Die Architektur ist aus dem schönen Zeitalter der Kunst und dem Orte angemessen. Ob aber in der Ausführung die Menge der weißen Mäntel der Senatoren nicht eine seltsame Einförmigkeit in das Colorit bringen möchten, überlasse ich Kennern zu entscheiden. Ich gestehe, daß ich im ersten Augenblick beinahe lachen mußte, da mir die ganze schlohweiße Gesellschaft wie eine Heerde Schaafe vorkam. In einem Nebenzimmer zogen mich einige zu Kirchengemälden bestimmte Cartons außerordentlich an, die wahre Raphael'sche Engelsfiguren enthielten, und eine dem hohen Meister gleiche Mannigfaltigkeit der Gestalt in den reizendsten Compositionen darboten.

Als Zeichner ist Camucini gewiß weit bewundernswürdiger wie als Maler, und wenn man die Vollkommenheit und den Ideen-Reichthum seiner Zeichnungen betrachtet, so ist auch ihre Menge (man rechne auch nur die, welche er selbst besitzt) fast unbegreiflich. Ich werde nächstens noch einige frühere Besuche, die ich ihm in seinem Hause machte, nachholen, wo er so gütig war, mir Alles zu zeigen, was nur die Zeit zu sehen erlaubte, und dann auch seiner ausgewählten Gemäldesammlung gedenken. Bis dahin verspare ich gleichfalls meine Bemerkungen über einige andere Maler, z. B. Vogt und Reinhard, so wie über Canova's reiche Werkstatt, und die Arbeiten von drei bis vier fremden Bildhauern — besonders des Dänen Thorwaldsen, der, nach meiner Meinung, schon Canova im Heroischen übertrifft, und dessen kraftvoll, feuriges Genie noch höhere Resultate erwarten läßt.

Es ist schwer, das Pantheon vortheilhafter zu sehen, als es mir vor einigen Tagen durch einen Zufall zu Theil ward. Eine Ueberschwemmung der Tiber hatte alle niedrigen Stellen der Stadt mit Wasser angefüllt, und auch den Marmorboden des Pantheons deckte ein glatter Wasserspiegel, in dem die ganze Rotunde mit ihrer hohen Wölbung sich zu verdoppeln schien. Zwei große Gemälde, die Präsentation im Tempel von Camucini, und Christus Kreuztragung vom Cavaliere Lanti, die seit Kurzem hier ausgestellt waren, verschönten das Magische der Scene, mit allem Uebrigen in der Tiefe sich spiegelnd. Lanti's

Bild, deſſen lebhaftes Colorit im erſten Moment die Augen blendet, verſchwindet dennoch bald vor der edlen Majeſtät, die aus Camucini's ſchönem Werk mit jedem darauf geworfenen Blicke den Zuſchauer immer unwiderſtehlicher an ſich zieht. Wie der Blumenliebhaber bald von der glänzenden Tulpe ſich abwendet, um der holden Roſe ſüßen Duft einzuathmen, ſo verläßt der Freund der Kunſt auch ſchnell das bunte Gemiſch verzeichneter und überall, ſtatt Gefühl nur Carricatur ausdrückender Figuren Lanti's, um ſich an der reinen, in unbefleckter Unſchuld ſelig glücklichen Geſtalt der Jungfrau zu weiden, ſich bei der Perſon des Hohenprieſters zum Ideal eines herrlichen Greiſes voll Kraft und hoher Religioſität emporzuſchwingen, und noch in jeder Nebenfigur, in jeder unbedeutend ſcheinenden Ausſchmückung den verſtändigen und fein fühlenden Maler zu bewundern.

Ich habe bei jedem erneuten Beſuch das Pantheon immer mit größerem Entzücken betreten, und möchte beinahe das Gegentheil von der

Peterskirche sagen. Bei dieser bestand mein
größtes Erstaunen immer darin, nicht mehr
darüber zu erstaunen! Ich überzeugte mich mehr
durch die Müdigkeit meiner Glieder, als durch
meine Augen, daß ich mich wirklich in einem so
ungeheuren Gebäude befände, welches die Aus=
dehnung einer kleinen Stadt habe; und dennoch
hatte ich immer noch viele Mühe, es sinnlich
gewahr zu werden, daß seine einzelnen Pfeiler
wirklich mehr Raum einnähmen, als einige ganze
Kirchen in der Stadt, daß sein Hochaltar höher
sey als der Pallast Farnese, der höchste Pallast
in Rom, u. s. w. u. s. w.

Anmuthiger fiel es mir auf, daß diese Kirche
sogar ihr eignes Klima habe, eine immerwährende
Frühlingsluft, die kühlend im Sommer und
wärmend im Winter ist. Ja, sagte man mir,
jene wunderbaren Einzelheiten rühmend, alles
dies sind bekannte Facta, aber der Baumeister
hat eine so außerordentliche Kunst angewandt,
daß, durch die richtige Beobachtung der Verhält=
nisse getäuscht, das Ganze dem Auge nicht ein

Zehntheil so groß erscheint, als es wirklich ist. — Das ist aber doch wahrlich eine sterile Kunst, deren höchster Triumph es dahin gebracht hat: das an sich Ungeheure soviel kleiner erscheinen zu lassen!

Die effective Größe kann bei der Architektur wohl nur ein Hülfsmittel zur Erhabenheit eines Gebäudes seyn, wird aber ganz unnütz, wenn dieser Zweck nicht erreicht, ja gar durch falsch angewandte Kunst geschmälert wird.

Man kann im Grunde annehmen, daß es eigentlich gar nichts an sich wirklich Großes noch Kleines giebt, sondern alles nur auf die Art ankomme, wie es unsern Sinnen erscheint, und mit welcher Idee wir es betrachten. Der Monte Mario ist ein kleiner Hügel, und doch wohl zehnmal größer als die Peterskirche; demohngeachtet würde es nur einem Narren einfallen können, dem Monte Mario deswegen eine größere Bewunderung zu zollen.

Beim Pantheon ist Alles zweckmäßig einfach und groß. Die majestätischen Säulen des Por-

‚ticus, unter denen hinwandelnd der Eintretende schon zu ernsten und hohen Gedanken gleichsam vorbereitet wird, so wie die wundervolle Kuppel, das erhabne Bild des über die Erde sich wölbenden Himmels, welche den ganzen Umfang des Gebäudes einnimmt, nur auf einen großen Eindruck hinwirkt, und aus wahrhaft großartigen Verhältnissen hervorgegangen, gewaltig zur Idee des Höchsten mit sich fortreißt. Die Kuppel der Peterskirche hingegen, obgleich von der nämlichen effectiven Größe, entschwindet in ihrer unverhältnißmäßigen Höhe, und von hundert andern zerstreuenden Gegenständen umgeben, aller Beurtheilung, und erweckt, da sie ungleich kleiner scheint, als sie ist, keine Bewunderung mehr. Um einen gleichen, oder noch größern Effect zu machen, müßte sie die des Pantheons eben so viel an Ausdehnung übertreffen, als sie sich höher in die Luft erhebt, was unausführbar ist.

Wenn daher Bramante (oder Michel Angelo) wirklich gesagt hat: „Ihr bewundert die Kuppel des Pantheons auf der Erde, ich will sie in die

Luft setzen" so hat er, wie das nicht selten geschieht, blendende Worte gesprochen, die im Anfang frappiren, bei näherer Beleuchtung aber doch nicht Stich halten, denn Manches kann auf der Erde sehr bewundert werden, was in der Luft sehr unvortheilhaft placirt wäre. Wenn z. B. ein, mit noch größern Mitteln Ausgerüsteter zu uns sagte: „Ihr bewundert die Pyramiden auf der Erde, ich will sie in die Wolken setzen," und dann auch wirklich die Pyramiden auf die Spitze des Cimborasso oder Montblanc wieder hinbaute, wo die ungeheuren Massen nur noch wie Schilderhäuser erscheinen würden, — müßten wir da nicht zwar über das schwierige Unternehmen erstaunen, aber doch gestehen, daß die Pyramiden auf der Erde einen weit imposantern Anblick gewährten, als die unserm Augenmaß Entrückten in den Wolken?

Obgleich jetzt leider auch das Pantheon, statt der ehemaligen Meisterwerke der ersten Künstler des Alterthums, der Säulen und Denkmäler aus dem kostbarsten Marmor, und den eben so prächtigen als geschmackvollen Zierrathen vergoldeter Bronze welche Decke und Wände schmückten und aus denen man seitdem Kanonen für die Engelsburg und den Hochaltar für die Peterskirche gegossen hat — jetzt auch nur noch mit schwerfälligen Altären, Kreuzen, Tabernakeln und andern christlichen Ornamenten, so wie mit elenden Büsten angefüllt ist, denen bloß das Andenken der berühmten Männer an die sie erinnern sollen einigen Werth geben kann, so bemerkt man doch — Dank sey es dem großen Plan des Ganzen — diese Geschmacklosigkeiten nur wie Flecken in der Sonne. Nur des Wunsches kann man sich dabei nicht erwehren, das Pantheon möge doch, da es ja ohnehin an Kirchen dem frommen Rom nicht gebricht, lieber von Neuem zum Tempel aller Götter und zum Saal der Antiken geweiht werden — gewiß der würdigste Ort, den man ihnen anweisen könnte.

Ganz anders nun verhält es sich mit der Peterskirche. Im Pantheon übersieht man die geschmacklosen Nebendinge über dem Ganzen, hier verhindern die Nebendinge eben das Ganze zu sehen. Die für die Architektur so unglückliche Kreuzesform, die endlose Menge von Pfeilern, Gewölben, Kuppeln, abgesonderten Capellen, zurücktretenden Nischen, hervorstehenden Altären und Grabmälern, größtentheils mit unzähligen, höchst schlecht gearbeiteten Zierrathen, dicht bedeckt, die bald in Arabesken, Schnörkeln, Symbolen und Wappen bestehen, bald in Basreliefs, Tauben, Engeln und Päbsten, oder in kleinen und großen Figuren der Heiligen und Kirchenväter — dies Alles zusammen genommen macht ein so getheiltes und verworrenes Ganze, daß man hier nie einen an Einheit und Größe dem ähnlichen Eindruck erhalten kann, mit dem der erste Anblick des Pantheons so unwillkürlich als mächtig überrascht. Diese Ueberladung an Ausschmückungen und das daraus entstehende moderne Ansehn der Kirche, verbunden mit ihrer Größe, bewegen oft ihre Bewunderer, mit Enthusiasmus auszurufen: sie seyen eben so erhaben als elegant! Wenn man indeß überlegt, was eine elegante Erhabenheit oder eine erhabne Eleganz ist, so geräth man in Versuchung, diese Lobeserhebung für ein Epigramm zu halten.

Der Chevalier Bernini hat bekanntlich das Seinige dazu beigetragen, die Peterskirche durch hundert grazienlose Statuen zu verunstalten, denen seine widerlich glatte Art, den Marmor zu behandeln, ein wie vom Fett glänzendes Ansehen giebt. Nichts ist auch geschmackloser, als das plump ausgeführte vergoldete Monument, welches, dem Eingang gegen über, zum point de vue dient, und von einer ungeheuren Glorie gekrönt wird, in deren Mitte der heilige Geist in Gestalt einer Taube transparent erscheint, eine Theaterverzierung, die mich lebhaft an jene letzte Decoration der Zauberflöte erinnerte, wenn Sarastro's Tempel mit der Sonne im Hintergrunde aufgezogen wird. Nicht viel erbaulichere Ideen erweckt der bronzene, in der Kirche Mitte sitzende Petrus, dem die Gläubigen bereits einen metallenen Fuß abgeküßt haben, obgleich man behaupten will, der Fürst der Apostel sey eigentlich nur ein antiker Jupiter, dem man ein andres Gewand angezogen habe. Er wäre nicht die einzige Bildsäule in der Kirche, deren Toilette man verändert hätte, auch der schönen Statue der Justitia von Jakob della Porta fand man für gut, ein keusches Metallgewand umzuthun, weil, von ihren nakten Reizen verführt, ein verrückter Spanier, wie man sagt, einst verleitet wurde, sich in der Kirche einschließen zu lassen, um große Unanständigkeiten mit ihr zu begehen.

Einige Gräber interessirten mich, z. B. das der Königin Christine, die nicht eher als hier Ruhe fand; ferner das der Gräfin Mathilde, deren Kopf eine der schönsten Productionen Bernini's ist, und endlich das des Pabstes Leo des XIten, der nur 27 Tage im Monat April regierte, als habe man ihn mit der Pabstwahl nur in den April schicken wollen. Es könnte auch eine Andeutung abgeben, wie sämmtliche Päbste zusammen genommen ebenfalls nur eine große Mystification des Menschengeschlechts gewesen sind!

Um mit einem Wort die Charakteristik der Peterskirche und des Pantheons zu vollenden, könnte man sagen: daß bei beiden alle mögliche Kunst angewendet worden sey, dort mit viel wenig, und hier mit wenig viel zu bewirken, die Peterskirche prächtiger als groß, das Pantheon größer als prächtig sey.

Als ich heute die erste verließ, wollte ich mir das Hospitium der bekehrten Ketzer besehen, wo Raphael starb. Es war aber verschlossen und Niemand zu errufen. Wahrscheinlich hat sich lange kein Ketzer mehr bekehren wollen, und das Haus steht leer. Beim Chateau St. Ange vorbei, bis zu welchem sich, nach Michel Augelo's grandioserem Plan, die Colonnade der Peterskirche erstrecken sollte, wanderte ich weiter bis auf den spanischen Platz, um Frau von Humboldt einen Besuch abzustatten. Sie las uns drei verschiedne Briefe über Werner vor, der eine von ihrem Gemahl, der andere von Göthe, und der dritte von Frau von Stael. Göthe war am übelsten auf Werner zu sprechen. Dieser hatte ihm ein Sonnet vorgelesen, in dem er den Mond in eine Hostie verwandelt hatte, wozu Göthe die Bemerkung machte, daß ihm bei diesem unerträglichen Mysticismus jede Madonna zur Amme würde, der er die Milch verderben möchte.

Ich beschloß meinen Abend in der Oper, die in Rom sehr mittelmäßig ist. Nirgends wird weniger decorum auf der Scene beobachtet. Der Souffleur hatte nicht einmal ein Dach über sich, sondern stand mit einer großen Pelzmütze auf dem Kopfe vor aller Augen da. Während eines Duetts untergeordneter Sänger kam der Lampenputzer ohne Scheu auf das Theater, um einige düster brennende Lampen in Ordnung zu bringen, und genirte sich dabei so wenig, daß er nach beendigtem Geschäft noch eine ganze Weile stehen blieb, um — sich den Schenkel zu kratzen, wo ihn ein Floh zu incommodiren schien. Ländlich, sittlich!

Nach dieser niederländischen Scene, von italiänischer und antiker Kunst ein andresmal.

Neapel.

Der Gouverneur gab einen großen Ball im Pallast Doria, den Carneval zu feiern, welchen der Pabst, wie ich schon erwähnt, vergeblich verboten hatte. Schon nahte sich der Morgen, die Kerzen waren niedergebrannt und die Gäste fingen an sich zu entfernen, als ein Fremder von Neapel mit der Nachricht eintrat, der Vesuv sey in voller Eruption. Auf der Stelle entschlossen sich Viele, noch denselben Tag dahin abzureisen, und eine Dame aus der Gesellschaft bot Wulffen und mir an, sie zu begleiten. Man kann sich denken, daß wir nicht zögerten, eine so schöne Gelegenheit eilig zu benutzen. Die Sonne war noch nicht aufgegangen, als wir uns schon in einem bequemen Wagen auf der Straße nach Albano befanden. Die Italiänischen Postillone fahren äußerst schnell, aber auf jeder Station muß man sich auch auf einen Streit gefaßt machen, bald um die Anzahl der Pferde, bald um das Post- oder Trinkgeld, bei dem oft kein andres Mittel übrig bleibt, als den Schreiern auf eine fühlbare Art den Mund zu stopfen. Einer, der, seiner Meinung nach, zu wenig erhalten, warf sich wie ein Rasender vor die Räder unsres Wagens, der bei einem Haar über seinen Leib gegangen wäre.

Die Pontinischen Sümpfe haben kein so trauriges Ansehen, als man erwartet, schöne Alleen doppelter Baumreihen fassen mehrere Meilen lang die wohlunterhaltne Straße ein, welche in grader Linie hindurchführt; nirgends bekamen wir beßre Postpferde, auch das Rindvieh, welches wir häufig im Sumpfe weiden fanden, war frisch und wohl genährt, nur die Menschen zeichnen sich allerdings durch eine häßliche, bleierne Farbe und ein kränkliches Ansehen aus, das wohl die mephitischen Ausdünstungen der Gegend den Gesichtern aufprägen.

In Terracina kommt man zum erstenmal an das Meer. Das Schloß auf einem hohen Felsen an der Straße liegt sehr pittoresk, der ganze Abhang des Berges war mit hellgrünen Aloen, indianischen Feigen, Caroubiés, Erdbeerbäumen, so wie auch schon mit Narcissen und andern Blumen bedeckt. Von nun an wird Land und Himmel immer schöner, alle Vegetation glänzender und reicher. Bezaubernd ist die Aussicht von Molo di Gaeta auf die Festung, das Meer und die umherliegenden Felsen; weite Orangengärten bedecken einen großen Theil des Ufers und die alte Villa des Cicero. Capua, in der Ebne von fruchtbaren Feldern und Oelbäumen umgeben, trägt keine Spuren seiner ehemaligen Ueppigkeit mehr; es dient jetzt als Festung, deren Thore die Nacht geschlossen werden, weshalb man sich einrichten muß, es bei

Tage zu paſſiren. Man iſt in dieſer Hinſicht ſehr ſtreng in den franzöſiſchen Feſtungen.

Um fünf Uhr früh kamen wir in Neapel an. Die Gräfin blieb im Gaſthof, um von den Fatiguen der Reiſe auszuruhen, während wir am Geſtade des Meeres, auf dem Molo di Chiaja, umhergehend, den Anbruch des Tages erwarteten. Noch lag Alles in tiefe Dunkelheit gehüllt, nur von Zeit zu Zeit erhellten die aus dem Crater des Veſuvs emporflammenden Feuer, wie einzelne Meteore, die Gegend. Nach und nach überzog eine glühende Röthe den Himmel, bis endlich die Sonne in blendender Pracht über dem ſchwarzen Berge hervortrat, und ſeine Feuer ſchnell verlöſchend, das Meer, die weite Stadt, Capri, den Pauſilipp und Calabriens entfernte Ufer mit unbeſchreiblichem Glanze umfloß.

Nach einer Stunde, die ich in innigem Entzücken über dies herrliche Schauſpiel zubrachte, ſuchten wir von Neuem die Nacht in der Grotte des Pauſilipps auf, wo einige immerwährend brennende Lampen auch am Tage nur ein ſparſames Hellbunkel verbreiten.

An Virgils Grab traten wir wieder ins Freie hinaus, und pflückten pflichtschuldigst auch ein Blatt des so sehr berupften Lorbeers, der, wie man behauptet, über seiner Asche grünt. Wenn man etwas höher den Berg hinansteigt, findet man einen sehr vortheilhaften Standpunkt für die Aussicht über Neapel und den ganzen Golf; dort nahmen wir unser Frühstück ein, eins der angenehmsten, das ich in meinem Leben gemacht habe, und kehrten dann in unsern Gasthof zurück, der auf der Promenade della Villa, im schönsten Theil der Stadt liegt. Grade vor unsern Fenstern, zwischen dem Meer und den Akazien, die die lange Promenade einfassen, steht auf einem mit Blumen geschmückten Rundel die berühmte Gruppe des farnesischen Stiers. Eine Menge andrer Marmorstatuen aus neuerer Zeit sind die Allee entlang unter den Bäumen und Blumenbeeten vertheilt, die die ganze Gegend mit ihrem Wohlgeruch erfüllen.

Den übrigen Theil des Tages verbrachte ich mit Besichtigung mehrerer Merkwürdigkeiten, und um eilf Uhr in der Nacht machten wir uns nach dem Vesuv auf den Weg. Unsre Gesellschaft war durch die schöne Gräfin ·G.... und Herrn Schweigel vermehrt worden, der letzte ein in Italien wohlbekannter Künstler und eben so froher als angenehmer Gesellschafter, der sich erbeten hatte, uns zum Cicerone zu dienen *). Auf dem herrlichen Pflaster von breiten Lavaquadern rollten wir schnell bis Portici. — Hier verließen wir unsern Wagen und ritten auf Eseln weiter, von einer großen Anzahl Führer und Fackelträger begleitet. Beim doppelten Schein der Fackeln und des brennenden Vesuvs, kamen wir bei der Einsiedelei auf der Hälfte des Berges an, wo

---

*) Schweigel hatte nur wenige Büsten gefertigt, und trat plötzlich mit einem Amor hervor, der allgemein für ein Meisterstück anerkannt wurde. Seltsamerweise hat er seitdem nie mehr etwas componirt; man behauptete aber, daß der schöne, athletisch gebaute Mann sich dem Cultus seines Gottes desto eifriger weihe. Er war so kräftig, daß er einmal neben dem Boote, das seine Geliebte trug, bis Capri von Neapel schwamm, acht Seestunden weit.

ein verkleideter Gastwirth, der sich einen Einsiedler schelten läßt, die Fremden mit ziemlich bitteren Christusthränen *) regalirt. Hier ward einer unsrer Esel stetisch, und warf die schöne G.... auf eine Weise ab, die unsre Künstleraugen entzückte und unser Herz klopfen machen mußte, die arme Dame aber in große Verzweiflung versetzte. Auch behauptete sie nachher halb weinend, es sey ein übles Omen, und obgleich wir sie neckend versicherten, was sie dafür hielte, erscheine uns als das glücklichste — hatten wir doch große Noth, sie zur Fortsetzung der Reise zu bewegen.

Von hier ward der Weg immer beschwerlicher, und bald konnte man sich der guten Esel gar nicht mehr bedienen; die letzte Viertelstunde mußten wir also zu Fuß sehr steil an loser Asche hinan klimmen, die bei jedem Schritt unter den Füßen wich, und uns oft in einem Augenblicke weiter wieder herabrutschen ließ, als wir in mehreren Minuten mühsam hinaufgeklettert waren.

---

*) Lacrime Christi, ein herber und starker rother Wein.

Damen und kränkliche Personen laßen sich von 10—12 starken Männern tragen, welches aber, wie mir Leute die es versuchten, versichert haben, eben so angreifend für die Träger, als beschwerlich und gefahrvoll für den Getragnen seyn soll. Wir gingen sämmtlich zu Fuß und hielten uns nur vermöge eines breiten Riemens, den unsre Führer umgebunden hatten, an sie an, kamen aber demohngeachtet alle sehr ermattet oben an. Wie sehr hielten wir uns aber für alle ausgestandne Mühe belohnt, als wir den weiten Crater endlich betreten hatten, und sich nun eins der seltsamsten Schauspiele vor uns entfaltete. Der tief eingesunkene schwarze Kessel in dem wir uns befanden, mochte ohngefähr eine Viertelstunde im Umfange meßen. In ihm hatten sich fünf von einander getrennte Feuerschlünde an dem uns entgegen gesetzt liegenden Ende des Craters gebildet, die jetzt fast so regelmäßig, wie bei einem Feuerwerke, einer nach dem andern zu spielen begannen. Die Explosion fing jedesmal mit einem dumpfen unterirdischen Donner an, der

nach und nach an Stärke zunahm. Noch war es
Nacht. Plötzlich mit einem heftigen unterirdischen
Schlage, erhob sich eine Feuergarbe, aus Millionen Funken und Tausenden glühender Steine bestehend, thurmhoch in die Luft, schwebte eine
Weile am Himmel, und sank dann majestätisch
wieder herab, fast bis zu unsern Füßen herandringend, und wie ein feuriger Regen sich auf
dem schwarzen Boden weit umher verbreitend.
Sechs bis siebenmal wiederholte sich dies wundervolle Schauspiel rasch nach einander, die letztern Auswürfe immer niedriger werdend, worauf
einige Minuten ein Stillstand mit der alten früheren Nacht zurückkehrte. Nach einiger Zeit begann der Donner von Neuem, und eine andere
Oeffnung wiederholte dann das erste Schauspiel,
ihre Flammenpyramide oft in noch höhern Dimensionen den Sternen zusendend. In dieser Art
wechselten die verschiednen Schlünde fast die
ganze Nacht hindurch mit einer Ordnung ab,
als leite ein unterirdischer dienstbarer Geist nur
ein Fest zu unserm Vergnügen.

Wir begaben uns jetzt nach einem andern Theil des Berges, wo sich neben uns in drei breiten Strömen die Lava zischend den Berg hinab ergoß. Sie bildete an manchen Stellen hohe Feuerfälle, die sich flammend über die Felsen in die Tiefe stürzten, wo ein kleines Thal von ihnen angefüllt, wie ein brennender See erschien. Die Erde bebte fortwährend und war so heiß, daß man nicht lange auf einem und demselben Platze stehen bleiben konnte, ohne sich ernstlich die Sohlen zu verbrennen; oft sahen wir nahe bei uns unvermuthet kleine Spalten in der dünnen Erdrinde entstehen, und erblickten dann, kaum einen Fuß tief, das allgemeine Feuer unter unsern Füßen. Deutlich hörten wir sein dumpfes unterirdisches Brausen, bald stärker bald schwächer aufkochend, und der Schwefelgeruch, welcher überall mit den Rauchwolken aus der Erde drang, wurde manchmal so heftig, daß er uns fast den Athem benahm; besonders erhitzte ein glühender Wind, der von den Lavaflüssen herkam, rund umher die ganze Atmosphäre und fiel peinvoll auf die Lungen. Ich hätte geglaubt, der Hölle nahe zu seyn, wenn wir nicht ein paar so hübsche und so liebenswürdige Weiber bei uns gehabt hätten, daß man bei ihrem Anblick wohl an's Sündigen, aber als Strafe höchstens an's Fegefeuer denken konnte. Wir blieben im Crater bis gegen Morgen, wo die Eruption immer am heftigsten zu werden pflegt, und tranken unterdessen fleißig, durch Wasser gemildert, die mitgenommenen lacrime Christi auf die Gesundheit Pluto's und aller Götter des Tartarus. So oft wir eine Bouteille geleert hatten, warfen wir sie in die glühende Lava, deren Hitzegrad so heftig war, daß das Glas, sobald es die Lava nur berührte, schon fast in demselben Augenblick geschmolzen mit dahin floß. Einer der Führer erzählte uns, daß ein Engländer vor zehn Jahren dies Experiment statt der Flasche mit einem unglücklichen Esel vornehmen ließ, den er vorher gebunden durch zehn Lazzaroni's hatte hinauftragen lassen. Das arme Thier hatte nicht die Schmelzfertigkeit der Bouteillen gezeigt und

fürchterlich geschrieen, ehe es völlig zu Asche ver‑
brannt wurde *).

Wir würden vielleicht auch noch jetzt nicht an
den Rückzug gedacht haben, wenn uns nicht eine
hohe Flamme, die plötzlich in der Entfernung
einiger Schritte von uns aus der Erde schlug,
allzulebhaft daran gemahnt hätte. Die Führer
trieben uns fort, und wir waren in der That
kaum dem Crater entstiegen, als schon ein dum‑
pfes Getöse an unser Ohr drang, das von dem‑
selben Orte herzukommen schien, den wir so eben
verlassen hatten. Wir erfuhren bald, daß sich
ein neuer Feuerschlund ganz in der Nähe geöffnet,
und wir vielleicht nur um wenige Minuten der
romantischten aller Todesarten entgangen waren.

Nebel und Wolken verhinderten uns, bei An‑
bruch des Tages die gerühmte Aussicht von dem
Gipfel des Berges zu genießen. Wir eilten da‑

---

*) Ich glaube, daß diese Anekdote schon in den Briefen
eines Verstorbenen erwähnt wurde, habe sie aber des Zusam‑
menhanges willen hier nicht ausstreichen mögen.

her nach Portici zurück, und beschloſſen, ohn=
geachtet unſrer Ermüdung, die Gelegenheit zu
benutzen, um noch Pompeji einen vorläufigen
kurzen Beſuch zu machen. Der Weg führt durch
Reſina, Torre del Greco, und Torre del An=
nunciata, zwiſchen dem Meere und dem Veſuv
hin, an deſſen Abhang man von hier am beſten
den ungeheuren, erkalteten Lavaſtrom betrachten
kann, der vor mehreren Jahren ſich in Zeit von
einer halben Stunde mit ſolcher Wuth hier in's
Meer ſtürzte, daß deſſen Fluthen bis auf eine
Viertelſtunde weit vom Ufer abgedrängt wurden.

Pompeji ſelbſt entſprach nicht im Geringſten
meiner Erwartung. Jeder heutige italäniſche kleine
Flecken, der eine Zeit lang abgedeckt geſtanden
hätte, würde ein dieſer alten Stadt ſehr ähnli=
ches Bild darſtellen. Alles iſt klein und mes=
quin, ſelbſt der Iſistempel und das Soldaten=
quartier. Bewundernswürdig iſt dagegen die
Friſche der Farben an den wenigen Freskogemäl=
den, die noch nicht fortgebracht, oder geraubt
ſind. Die weitere Ausgrabung wurde ſehr lau

von einigen fünfzig Kindern betrieben, die ganz auf Neapolitanische Art arbeiteten, d. h. mit der einen Hand wieder zuwarfen, was sie mit der andern aufgewühlt hatten.

Das nächstemal behalte ich mir die Beschreibung der Details vor, für heute mag es an dem Gesagten genug seyn.

Die Gräfin G . . . . . . ist ein wahrer Engel! und ich fürchte, ich werde über diese lebendige Schönheit alle Antiquitäten und sonstige Naturwunder im Stich lassen. Heut Abend fuhr ich mit ihr in der Straße Toledo, die sich fast eine halbe Meile ausdehnt, lange auf und ab — wie schnell verging mir die Zeit! Die Masken tobten um uns her, und zuweilen erhielten wir eine Ladung weiße Gypsbohnen an die Wagenfenster, die man sich, die Zuckerbonbons zu ersparen, hier, oft recht derb, an den Kopf wirft, ein eigenes Vergnügen! Die Toledostraße ist auch am Tage mein gewöhnlicher Spaziergang. Das stete rege Leben, das fremdartige Gewühl darin ist sehr unterhaltend. Man sieht hier zwar keine so stolzen Palläste, wie in Rom, aber die Häuser fallen auch nicht wie dort, aus Mangel an Bewohnern in Ruinen; Alles ist voll Leben, und zu gewissen Stunden sind die vor jedem Fenster befindlichen Balkons, gleich so viel bunten Blumenbouquets, alle mit Damen angefüllt. Im Ganzen bietet Neapel mehr den Anblick einer reichen Handelsstadt als einer Residenz dar, und ist fern von der düstern Größe Roms, die diese wunderbare Stadt, selbst in ihrem Verfall, noch immer so imposant macht.

Die Gräfin führte mich nach beendigter Fahrt in ein Haus ein, wo man ein kleines Privattheater errichtet hatte. Sowohl Schauspieler als Zuschauer bestanden nur aus Ducas und Duchessas, Principes und Principessas, denn in Neapel giebt es eben bekanntlich nur zwei Klassen: Herzöge und Lazzaroni. Man führte eine Tragödie vom Duca di Ventignano auf, Wilhelm Tell betitelt. Tell war in einen Ritter umgewandelt, und Geßler in den Imperatore di Swizzera. Das Ganze war dieser Maskerade analog. Einmal fiel Tell plötzlich über Geßler her, warf ihn mitten unter seinen Garden zu Boden, und hielt ihm unter den schrecklichsten Verwünschungen eine Viertelstunde den Dolch auf die Brust, um Frau und Kind Zeit zur Flucht zu lassen. Nachdem Geßler endlich wieder aufgestanden ist, kommt jedoch Frau Tell plötzlich wieder zurück, wird gefangen genommen, und als der Gemahl ihr die bittersten Vorwürfe macht, die ihr gegebene Zeit nicht zur Rettung benutzt zu haben, entschuldigt sie sich damit: sie wisse nicht mehr, wo ihr der Kopf stehe. Eine elende Uebersetzung nach einem gewissen Moliero, wie mich die neben mir sitzende Duchessa belehrte, beschloß die Vorstellung und gab mir keine bessere Meinung von den Schauspielern und dem Geschmack der Zuhörer, als die vorige Darstellung. Der interessanteste Mann in der Gesellschaft war der Minister des Innern, der auch in der gelehrten Welt nicht unbekannte Erzbischof von Tarent, Capicelatro. Kotzebue hat ihm ein ganzes Kapitel in seiner Reise gewidmet. Er war der erste vornehme katholische Geistliche, den ich öffentlich mit der größten Freimüthigkeit über religieuse Gegenstände sich aussprechen und sogar bitter über die Mißbräuche geistlicher Hierarchie, und ihre traurigen Folgen klagen hörte. Er sey doppelt dabei interessirt, sagte er scherzend, weil er ein großer Kunstliebhaber sey, und jede mutilirte Statue, die er ausgraben lasse, ihn schmerzlich an den unvernünftigen Religionseifer der Christen erinnere. Vom Pabst sagte er, ohne sich im Geringsten zu geniren: qu'il n'était qu'un vieux imbécille, der seine weltliche Macht nicht aufgeben wolle, da doch nur das Geistige ihm obliege, und er lieber selbst die Hand der nicht mehr zurückzuweisenden Aufklärung bieten solle. Ohngeachtet aller dieser Aeußerungen scheint mir der schlaue Erzbischof, den Napoleon und Mürat gleich auszeichnen, doch nur ein Mann zu seyn, der den Mantel nach dem Winde zu hängen versteht, und folglich immer noch ein ächter Pfaffe geblieben ist.

———

Ich war beim Russischen Gesandten, Herrn von Bibikoff, zum Essen eingeladen. Der Haushofmeister trat eben ein, um zu melden, daß servirt sey, als wir aus der Ferne dumpfe Kanonenschüsse vernahmen. Alles eilte auf den Balkon, der die Aussicht auf das Meer bot. Da sahen wir langsam eine Neapolitanische Fregatte, die bei schwachem Winde mit vollen Segeln bemüht war, das Cap Missene zu doubliren, in der Ferne von englischen Schiffen verfolgt, die eben die Kanonade begonnen hatten. Bald folgten noch zwei Corvetten und mehrere kleine Schiffe, die schon einige Tage früher von den Engländern ebenfalls gejagt, sich bei Bajá hinter das Cap geflüchtet hatten, und nun den

Seewind benutzen wollten, um in den Hafen von
Neapel einzulaufen, wo sie allein völlige Sicherheit finden konnten. Der Wind mußte ihnen
jedoch nicht ganz günstig seyn, wenigstens sah
man deutlich, daß die englischen Schiffe als
weit bessere Segler immer mehr Terrain ge-
wannen. Niemand von uns wollte dieses Schauspiel verlassen; der Gesandte befahl also, das
Diner auf dem geräumigen Balkon anzurichten,
was schnell bewerkstelligt wurde. Gemächlich
bei Tische sitzend, sahen wir so, fast auf Kanonen-
schußweite (denn eine Kugel flog in der That
bis fast auf die Promenade unter unserm Hause)
die ganze, fast eine Stunde dauernde Seeschlacht
in dem schönen Golfe vor uns, gleich einer
Theatervorstellung mit an. Die Engländer hatten
durch ihre Geschicklichkeit im Manoeuvriren den
größten Vortheil, und wandten ihren Bord gewiß immer zweimal, ehe es den Neapolitanischen
Schiffen nur einmal gelang. Nach und nach
fingen alle Batterien der Stadt an, Theil an
dem Feuer zu nehmen, was eine merkwürdige

Tafelmusik abgab. Der König Mürat selbst feuerte eine Kanone vom Castel del Ovo ab, und traf, wie man nachher behauptete, damit sein eignes Schiff. Nachher kam er in seinem burlesken Costüme, das er alle Tage ändert, heute als Uhlan in Weiß und Cramoisi mit gelben Stiefeln, auf die Chiaja geritten, von einem glänzenden Generalstabe umgeben. „F........ moi tous ces b..., à la mer!" rief er mit Stentorstimme unter unsern Fenstern, aber es war eine ganz ohnmächtige Wuth.

Die große Fregatte war bereits in einem kläglichen Zustande, fast entmastet, und furchtbar beschädigt, eine Corvette, welche sich am meisten verspätet, wurde genommen, und einige der kleinen Fahrzeuge wirbelten ein paarmal um sich selbst, gingen dann auseinander und versanken, hie und da einzelne Stücke noch auftauchend — ganz wie in den Ombres chinoises, und so nahe von uns, daß wir mit dem Opernglas die einzelnen Menschen unterscheiden konnten.

Zuletzt erreichte die Fregatte dennoch den Hafen,

aber fast nur als ein unbrauchbares Wrack, und mit dem Verlust von 80 Mann an Todten und Verwundeten. Das Verdeck schwamm in Blut, erzählte mir nachher ein Augenzeuge, und die allgemeine Verwirrung, das Wehgeschrei der Verstümmelten, die Verzweiflung der Uebriggebliebnen, bildeten eine wahre Schauerscene.

Am andern Tag erfuhren wir, daß die Engländer Ischia und Procida genommen und einige Stunden von Neapel gelandet wären. Ich miethete eine einspännige Calessina, und fuhr den Schweizertruppen nach, die man zur Vertreibung der Engländer detachirt hatte. In der Nähe des Kampfplatzes angekommen, stieg ich aus, und man konnte, ohne sich großer Gefahr auszusetzen, auf den Höhen und Felsen am Meer mehrere kleine Gefechte mit ansehen. Da brachte man einen riesenmäßigen Offizier getragen, der die heftigsten Schmerzen zu leiden schien, und legte ihn neben mir ins weiche Gras.

Ich näherte mich, um ihm vielleicht Hülfe zu leisten, und erkundigte mich, worin ich ihm dienen könne. Er frug mit matter Stimme, ob ich einen Wagen habe, und ihn dann nach Neapel zurückbringen wolle, was ich mit Freuden bejahte. Er war nicht durch Waffen verwundet, sondern nur fürchterlich zerschlagen, tout brisé, wie er sich ausdrückte; alles Fleisch, sagte er, sey ihm von den Knochen gelöst.

Auf der Heimfahrt, die seines Zustandes wegen nur im langsamsten Schritt vor sich gehen konnte, erzählte er mir in abgebrochnen Sätzen, wie es ihm der Schmerz erlaubte, daß er mit einigen seiner Leute um zu recognosciren einen spitzen Felsen erklettert habe. Im Augenblick wie er oben ankömmt, erscheint von der andern Seite ein Trupp Hanoveraner, wahrscheinlich in derselben Absicht, und in der entstehenden melée wird mein armer Schweizer-Capitain in eine Schlucht herabgestürzt.

Er versicherte, thurmhoch gefallen und unterwegs mehreremale rechts und links an die Felsenwände angeschlagen zu seyn. Glücklicherweise fiel er unten ins Meer, was den Stoß auffing, und doch hier nicht so tief war, um ihm die Rettung unmöglich zu machen.

Zuletzt nahmen die Schmerzen des armen Mannes so zu, daß, als wir in tiefer Nacht bei seiner Wohnung anlangten, er seiner Sinne nicht mehr mächtig war und im Fieber phantasirte. Ich verließ ihn nicht eher, als bis ich ihn in den Händen des Arztes sah, der seinen Zustand für sehr bedenklich hielt, und nur eine höchst langsame Heilung versprach.

Wie sonderbar, dachte ich: Hier am Ende Europa's, wo Franzosen und Engländer Krieg führen, sind es doch nur Deutsche verschiedner Länder, die für Jene gegen einander kämpfen! Armes Vaterland!

———

Tolentino.

Nach langem Kampf hatte ich mich endlich entschlossen nach Deutschland zurückzukehren.

. . . .
. . . .
. . . .
. . . .

Um 6 Uhr früh reiste ich also mit einem Ankoner Vetturin, das Herz centnerschwer, die Casse federleicht, von Rom ab. Mein Reisegefährte (ich hatte glücklicherweise nur einen), der so lang ich ihn sitzend sah, ein Zwerg schien, verwandlte sich auf der ersten Station in einen Riesen, sobald er aufstand. Obgleich er hiernach also fast nur aus Kopf und Beinen bestand, so überzeugte mich doch bald der unmäßige Appetit, mit dem er ein Frühstück, (das ich ihm auf der ersten Station mit mir zu theilen anbot) mit der größten Unverschämtheit, während ich hinausgegangen war, allein verzehrte, daß zwischen Kopf und Beinen der Magen auch noch gehörig Platz gefunden hatte. Man hätte ihn mit jenen eben so gefräßigen als seltsam gestalteten großen Heuschrecken vergleichen können, die die Campagna Tag und Nacht mit ihrem widrigen Geschrei erfüllen, wenn er ihnen nicht in diesem letzten Punct ganz unähnlich gewesen wäre, denn sein Mund öffnete sich in der Regel nur zum Essen.

Es mag sein mannigfaltiges Gute haben, mit einem Vetturin zu reisen; ein reisender Schriftsteller z. B. sobald er dem Schlafe widersteht, wird gewiß auf keine andre Art so viel Zeit und Bequemlichkeit zu den reichhaltigsten Bemerkungen und ungestörtesten Meditationen finden; auch ein Geschäftsmann, dessen Geschäfte eben keine Eile haben, kann seine Reise nicht wohlfeiler zurücklegen; wer Räuber fürchtet, erfreut sich hier einer größern Sicherheit, weil wegen einiger Verwandtschaft des Handwerks ein Dieb selten einem Vetturin etwas zu Leide thut — wer aber nichts zu verlieren fürchtet, weil er nichts besitzt, und übrigens aus keinem andern Grunde als zu seinem Vergnügen, oder wie ich, seinen Gedanken zu entfliehen, reist, der ist in der That ein Thor, wenn er nicht hundertmal vorzieht zu Fuß zu gehen. Noch leidend an den Folgen meines unglücklichen Sturzes, war ich gezwungen, zum erstenmal seit ich in Italien bin, mich in einen solchen sargähnlichen Kasten einzuschließen, den drei lebenssatte Maulesel mit Schneckenlangsamkeit den langen Tag durch hinschleppen, während man unaufhörlich von Wolken Staubes umhüllt wird, und die entsetzliche Hitze im verschloßnen Wagen, in dem ein paar kleine Fensterchen kaum soviel Luft eindringen lassen, als zum Athemholen nöthig ist, fast den Grad des kochenden Wassers erreicht. Man erzählt, daß unter der Linie sogleich alles Ungeziefer stirbt; wenn mich

nicht eine traurige Erfahrung an meinem Nachbar
vom Gegentheil überzeugt hätte, so würde ich
unserm Wagen dieselbe Kraft zugetraut haben.
Das Maaß meiner Leiden war noch nicht voll;
in halber Betäubung hatte ich mich in eine Ecke
gelegt, und versuchte einzuschlafen, als ich plötz=
lich so zweideutige angstvolle Töne neben mir
vernahm, daß ich mit Schrecken die Augen auf=
schlug. Ich hatte mich nicht geirrt, kaum blieb
mir soviel Zeit übrig, mich im Freien in Sicher=
heit zu setzen, als mein Nachbar schon die Ueber=
bleibsel seiner Mahlzeit im Wagen umhervertheilte.
So ward ich zum zweitenmal das traurige Opfer
meines Frühstücks. Ich war außer mir! Du
kannst Dir vorstellen, daß ich lieber den Tod
gelitten hätte, als mich bei den jetzigen Umständen
wieder neben das Ungethüm in den Wagen zu
setzen; ein Bock war nicht vorhanden, es blieb
mir also nichts übrig, als meinen Platz auf dem
Koffer zu suchen, wo ich mich, halb reitend halb
sitzend, den Rest des Tages aufhielt.

Vierzehn Miglien von der Stadt steht mitten

in der Wüste einzeln ein verfallnes Haus, von dem man noch einmal die stolze Roma und Sanct Peters hohen Dom erblickt. Ich ließ hier den Vetturin einen Augenblick anhalten, und rief über die weite Ebne hin Italiens Königin mein letztes, schmerzliches Vale zu.

Nach einigen Stunden verließen wir endlich die öde Campagna, und setzten unsre Reise in einem großem Walde von Eichen- und Kastanienbäumen fort. Wir kamen durch einen im Mittelalter befestigten Ort, Nepi, dessen hohe, mit Epheu bedeckte Mauern einen malerischen Anblick gewährten; links am Wege führte eine Wasserleitung in doppelten Bögen durch das Thal, und rechts schlossen über dem Walde in geringer Entfernung des Soracte zackige Gipfel die Aussicht.

Noch vor Sonnenuntergang erreichten wir Civita Castellana, das Ziel unsrer Tagereise, welches, wie der größte Theil dieser Gegenden, durch aria cattiva verpestet ist. Die hiesigen Weiber tragen auf eine sonderbare Art die Röcke von hinten über den Kopf geschlagen, welches ihnen ein sehr drolliges Ansehn giebt.

Als wir im Gasthof ankamen, hatte sich mein Gesellschafter wieder erholt, und er war noch nicht ausgestiegen, so rief er schon von Weitem dem Wirth zu, sogleich das Pasto (Abendessen und Nachtlager) zu bereiten. Er näherte sich mir hierauf, um mir einige Entschuldigungen zu machen, und versicherte mich schließlich, daß ich nicht nöthig gehabt hätte, mich so sehr über seinen Zufall zu beunruhigen, der weiter nichts als eine kleine Indigestion gewesen sey.

Ohngeachtet mir das Gehen äußerst schwer wurde, zwang ich mich doch, am andern Morgen während der Kühle einige Miglien zu Fuß zurückzulegen. Mein Gefährte, der vermöge seiner langen Beine Meilenschritte hätte machen können, war nicht dahin zu bringen, nur einen Augenblick seinen Sitz zu verlassen; übrigens war er den ganzen Tag von besonders guter Laune, gab bald den Bauern, welchen wir begegneten, die Benediction, und wollte vor Lachen sterben, wenn diese in der Meinung, daß er ein Priester sey, respectvoll den Hut abzogen, oder insultirte die vorübergehenden Mädchen, welche ihm zuweilen seine Späße mit Wucher zurückgaben.

Das Land fängt nach und nach an gebürgiger, die Gegend romantischer und die Luft besser zu werden. Zwischen Borghetto und Otricoli passirt man die Tiber auf der schönen von August erbauten und vom Pabst Urban wieder hergestellten Brücke, arco felice. Bei Narni beginnt der Appenin, Schluchten und Berge sind mit dichtem Grün bedeckt, ein Waldbach rauscht in schwindelnder Tiefe zur Seite.

Terni, ein gut gebautes Städtchen, liegt in einem fruchtbaren Thale, wo üppig der Wein an Ulmen und Obstbäumen hinaufrankt. Fünf Miglien von Terni ist der berühmte Sturz des Velino; man kann fast bis hinanfahren, und der kurze Weg, welchen man zu Fuß hinabsteigen muß, ist sehr bequem. Ich fand den Velino leider sehr wasserarm, demohngeachtet war der Fall noch immer größer als der Reichenbach in der Schweiz, und nach den deutlichen Spuren am Felsen, wie der Aussage meines Führers, muß er im Winter mehr als zweimal stärker seyn, und dann ohne Zweifel selbst den Rheinfall übertreffen, der zwar bedeutend breiter, an Höhe aber wohl sechsmal geringer ist. Die Gegend umher zeichnet sich durch nichts aus, ich kenne keine beträchtliche Cascade in der Schweiz, deren Umgebungen nicht ungleich schöner wären und einen weit erhabnern Naturcharakter an sich trügen.

Als ich etwas spät nach Terni zurückkam, fand ich die Stadt illuminirt und die Gassen voll Menschen, welche mit gespannter Erwartung dem Aufsteigen eines erleuchteten Luftballons entgegensahen, mit welchem die Regierungsveränderung gefeiert werden sollte. Ich kann nicht sagen, in wie weit die Erwartung der schaulustigen Ternenser befriedigt worden ist, da heftiges Kopfweh mich nöthigte, sogleich nach meiner Zurückkunft zu Bett zu gehen.

Wir reisten sehr früh weiter und blieben in

Spoleto zu Mittag. Man darf nicht versäumen, eine merkwürdige Wasserleitung hier zu sehen, deren Höhe den pont du Gard bei Nismes wenigstens um ein halbes Mal übertrifft. Sie besteht aus zehn einfachen Bögen und ist breit genug, um neben dem Wasserconduct noch für einen geräumigen Weg Platz zu lassen, der mit einer hohen Balustrade eingefaßt ist.

In der Hauscapelle der Familie Ancajani befindet sich ein schönes Gemälde von Raphael. Es hat etwas von der Zeit gelitten, und ist auch nicht vollendet, ganz aus seiner ersten Zeit, aber von herrlicher Anordnung und charakteristischem Reichthum der Gestalten. Das Christuskind, frei auf einem Kissen in der Mitte liegend, ist voll der holdesten Lieblichkeit, mit einem Blick, der schon ahnend in seine hohe Bestimmung hinüberschaut; neben ihm kniet seine Mutter, sanft entzückt, San Luca steht tief sinnend hinter ihr; von der andern Seite kommen die Weisen und Könige aus Morgenland und bringen ihre Gaben;

drei Engel, von einer Glorie umgeben, schweben über dem Christuskinde in den Wolken. Ein breiter Rand von Arabesken mit einzelnen Brustbildern von Heiligen, umgiebt das Ganze und trägt viel zu seiner heitern und prachtvollen Wirkung bei.

Vor einem Stadtthore ist ein langer bedeckter Bogengang, den, der Sage nach, Spoleto den Mönchen eines seiner Klöster zu verdanken hat, welche sich das Gesetz auferlegt hatten, für jedes durch einen von ihnen geschwängerte Mädchen zwei Arcaden zu erbauen. Der Gang ist von beträchtlicher Länge, und soll in kurzer Zeit vollendet worden seyn.

Eine schöne von hohen Bäumen beschattete Straße führt durch reiche Felder nach Foligno, das am Ende des langen Thals in einer angenehmen Gegend liegt. Auf halbem Wege kommt man bei einem kleinen antiken Tempel, und späterhin bei Trevi vorbei, das Rom, wie bekannt, mit seinem besten Wasser versieht. Der Dom in Foligno ist von Bramante erbaut, und scheint eine Copie der Peterskirche im Kleinen. Eine lange Promenade auf dem Stadtwall ist ihrer ganzen Länge nach mit einer Reihe numerirter steinerner Sitze versehen, eine Einrichtung, die überall Nachahmung verdiente. Der Spaziergang war heute am Sonntag sehr belebt, und man sah manches hübsche Gesicht, aber auch manche lächerliche Carricatur, die an unsere Kleinstädter erinnerte; denn diese Art Narren gleichen sich unter allen Nationen.

Ein großer Theil der Weiber trug dunkelblaue, auf Madonnenart umgeschlagne Tücher, welche sehr vortheilhaft kleiden.

Der Weg von Foligno nach Tolentino durch das Gebürge, bietet oft schöne Aussichten dar; den lebhaftesten Eindruck auf mich machte die wilde Gegend um die Papiermühlen und das reizende Thal von Serravalle. In Trave, einem kleinen Ort, wo wir Mittag machten, fand ich eine sehr hübsche Wirthin, und die größten Flöhe, die ich je gesehen habe, eine Plage Italiens, die zuweilen ganz unerträglich wird.

In Tolentino trennte ich mich von meinem treuen Gefährten, der in den letzten Tagen sehr interessirte Absichten auf mich merken ließ. Schon in Foligno wollte er mich zwingen, ihn mit allerlei Eßwaaren zu regaliren und als er mich stets durissimo gegen dergleichen direkte Angriffe fand, bat er mich, wenigstens für ihn auszulegen, weil er kein Geld mehr bei sich habe, welches, wie ich nachher durch den Vetturin erfuhr, keineswegs wahr war. Sobald ich dies wußte, verlangte ich sehr ernstlich die Wiedererstattung meiner Auslage. Dies bewog ihn denn, nach vielem Zögern in die Tasche zu greifen; anstatt des Geldes brachte er aber ein elendes Miniaturgemälde hervor und bot es mir zum Verkauf an. Er versicherte mich, daß ich in Deutschland, von dem er ganz besondere Begriffe zu haben schien, mehr als cento scudi dafür erhalten würde, daß nur die Noth ihn dazu bewegen könnte, es mir zu überlassen u. s. w. Nach seiner Rechnung sollte ich ihm noch einige Scudi herausgeben, und mich sehr glücklich schätzen, einen so vortheilhaften Kauf gemacht zu haben. Da er indeß endlich doch sah, daß alle Ausflüchte vergebens waren, und er ohne baare Bezahlung nicht fortkommen würde, zog er mir noch drei Paul ab, mit der Versicherung, daß er keinen Saldo mehr schaffen könne, wenn ich ihn todtschlüge. Es ist nicht zu läugnen, daß diese Begierde, unerfahrne Fremde um Kleinigkeiten zu betrügen, eine schwache Seite der Italiäner ist; der Ehrlichste hat Mühe sich ihrer ganz zu enthalten, wenn sich eine bequeme Gelegenheit dazu darbietet, und dies gilt beinah für alle Stände. Mein Reisegefährte, dessen Beispiel ich eben angeführt habe, war ein Gutsbesitzer aus der hiesigen Gegend, der, wie man mir in Tolentino erzählte, 600 Scudi jährliche Einkünfte besitzt. Sonderbar abstechend von dieser kleinlichen Bevortheilungssucht ist die seltne Ehrlichkeit bei allen anvertrauten Dingen, die Gastfreiheit und die höfliche Dienstfertigkeit, die auf der andern Seite dieselben Italiäner charakterisirt. Die letzten Eigenschaften sind ihnen wahrhaft natürlich; wenn sie betrügen, geschieht es manchmal mehr aus Eitelkeit als aus Habsucht; sie halten sich für klüger als den Andern den sie bevortheilt haben, und freuen sich dann kindisch ihrer Schlauheit. Mißlingt ihr Plan aber, so sind sie nie darüber aufgebracht, sondern ihr Gegner steigt im Gegentheil sehr viel in ihrer Achtung. E capace questo, sagen sie; die größte Lobeserhebung in ihrem Munde. Man muß ein Volk bedauern, das durch eine elende Regierung endlich dahin gebracht worden ist, seinen Ruhm, gleich den Pfaffen, die es beherrschen, nur in Schlauheit und Arglist zu suchen.

Ankona.

Von Tolentino bis Macerata reiste ich mit einem Capo comico (Schauspieldirektor). Die Unterhaltung dieses Mannes, der nicht ganz ungebildet war, wurde sehr lehrreich für mich, weil er Aufrichtigkeit genug besaß, mich mit einer Menge verschiedner Mittel bekannt zu machen, die man in Italien anwenden kann, um mit derselben Bequemlichkeit und doch nur der Hälfte der Kosten zu reisen, als Diejenigen aufwenden müssen, welche sie nicht kennen. Zu meiner Beschämung sah ich, daß ich noch weit entfernt war, den Titel Capace zu verdienen, wie ich mir allzu voreilig geschmeichelt hatte. Ehe ich Italien verlasse, hoffe ich indessen, mich noch sehr in dieser Hinsicht zu vervollkommnen, und werde dann alle meine gesammelten ökonomischen Erfahrungen auf einmal zusammenstellen.

Mein Begleiter hatte bei seinen guten Eigenschaften auch sein Partikelchen Narrheit, und hielt sich, als einen Vorgesetzten der istruzione publica, wie er sich nannte, für einen sehr wichtigen Mann im Staate. Um auch äußerlich seiner etwas kleinen und unansehnlichen Person soviel Relief als möglich zu geben, hatte er eine martialische Tracht angelegt, in der er dem spezza ferro der italiänischen Komödie nicht unähnlich sah. Ein Hut wie ein Schiff bedeckte sein kahles Haupt, die magern Beine verloren sich in ein paar ungeheuren Stiefeln, die den besten Hallenser Kanonen nichts nachgaben, und ein Schnurrbart beschattete sein Gesicht, den man zur Noth in einen Zopf hätte flechten können. Auf der Anhöhe vor Macerata, von der man zum erstenmal das abriatische Meer erblickt, verließ er mich, mit Pathos grüßend, um auf einem Seitenweg zu

Fuß nach dem Dorf zu gelangen, wo seine Gesellschaft in diesem Augenblick mit der Unterrichtung des Publikums beschäftigt war, und ich setzte daher meine Reise allein bis Loretto fort.

Unterwegs schlief der Vetturin ein, in Folge dessen die Pferde einen falschen Weg einschlugen. Als er aufwachte, waren wir schon ganz von der Straße abgekommen, und genöthigt eine halbe Stunde weit zurück zu kehren. Dies setzte ihn in eine solche Wuth, daß er, um sich am Sattelmaulthier, dem er die Hauptschuld beimaß, auf eine eclatante Art zu rächen, die andern beiden ausspannte, hinten anband, und mit diesem unglücklichen Thiere allein den Rest der Tagereise mit verdoppelter Schnelligkeit zurücklegte. Demohngeachtet kamen wir ziemlich spät in Loretto an, wo ich mit Vergnügen im Fremdenbuche des Gastwirths mehrere Bekannte und Landsleute eingeschrieben fand, deren Namen ich denn auch den meinigen beizufügen nicht ermangelte. A toute ame bien née la patrie est chère.

Während einer sanften Musik und dem Gesang

zwei schöner Sopranstimmen trat ich am Morgen in die Kirche, welche von Pilgern angefüllt war, die, mit langen Stäben in der Hand und Muschelkragen über den Schultern, um die Santa Casa herknieten. Das heilige Haus steht mitten unter der Kuppel; es ist ein regelmäßiges mit Basreliefs und allerlei Figuren verziertes Viereck nach den Zeichnungen Michel Angelo's, der, wie man sagt, den Apostel Jeremias selbst ausgeführt hat; alle übrigen Arbeiten sind von seinen Schülern. Zwei Reihen Beichstühle, für alle Nationen und Sprachen, ziehen sich auf beiden Seiten des Hauses hin, bis wo am allerheiligsten Ort in einer ehemals goldnen, jetzt hölzernen und vergoldeten Nische die heilige Jungfrau aufgestellt ist. Sie wird durch eine schwarze, grobgearbeitete Statue von Cedernholz repräsentirt, deren Corset oder Jacke, Dank der Güte der Gläubigen, von Neuem wieder mit Perlen und ächten Steinen besetzt ist. Gleichwie in der Peterskirche sind auch hier alle Altarblätter in Mosaik, die nativita della Virgine nach Annibal Carrache hält man für die beste. Im

Kloster neben der Kirche wird der Schatz in einem großen Saale aufbewahrt, auf dessen Decke Pomeranci in mehreren schönen Frescogemälden die jungfräulichen Mysterien (le misterie della Virgine) geschildert hat; man bewundert auf einem derselben den vorgestreckten Arm eines Mädchens, der von täuschender Wahrheit ist. Lorettos berühmter Schatz, der, bevor ihn der Pabst Braschi einpacken und nach Rom bringen ließ, wo er und seine Nepoten allein wissen, was aus ihm geworden ist, auf einige dreißig Millionen Piaster geschätzt wurde, beträgt jetzt kaum soviel Hunderte. Seit Kurzem hat der Vicekönig einen sehr eleganten mit Rubinen besetzten goldnen Becher geschenkt, die Vicekönigin eine Monstranz, auch der König von Neapel und die Königin von Spanien haben Zeichen ihrer Frömmigkeit hergeschickt; man hofft noch auf ein großes Geschenk des Kaisers. In der Apotheke der heiligen Jungfrau befindet sich eine sehr interessante Sammlung von 300 Vasen, mit Zeichnungen nach Raphael aus der christlichen und heidnischen Mythologie.

Die drei hohen Pforten der Kirche sind von Bronze und mit Basreliefs geziert, unter denen die der mittelsten Thüre von Girolamo Lombardi den ersten Rang einnehmen. Besonders gelungen schien mir die Verführung Eva's durch den unglücklichen Apfel, an dessen Verdauung wir immer noch mit so schlechtem Erfolge arbeiten; und die Vertreibung des schuldigen Paars aus dem Paradiese. Der strafende Engel, von edler Haltung und Ausdruck, scheint nur mit betrübtester Unterwerfung den Willen des Herrn zu erfüllen. Eva sieht ihn an, wie ein schönes Weib, das auf der That ertappt wurde, und da Leugnen nichts mehr helfen kann, durch verstohlne Thränen und die rührendsten Blicke die Herzen noch zum Mitleid zu bewegen sucht. Adam trägt sein Loos mit würdiger Resignation und männlichem Schmerz.

Loretto treibt einen nicht unbedeutenden Handel mit verschiednen Heiligthümern, unter andern auch mit Päckchen Staubes, der von der Santa Casa abgekehrt wird. Es ist hübsch auf diese Art den Leuten wörtlich Staub in die Augen zu streuen.

Die Güter der Santa Casa sind so beträchtlich, daß der jährliche Ertrag sich auf 80,000 Piaster belaufen soll. 30,000 ohngefähr nehmen die Pensionen der verschiednen angestellten Priester und Beamten, die Bezahlung der Capelle, der Unterhalt der Kirche u. s. w. weg, der Rest wurde ehemals nach Rom geschickt und geht jetzt in die Königliche Kasse nach Mailand.

Mein Reisegefährte bis Ankona war diesmal ein Apotheker, der mir seinen Stand schon von Weitem durch den medicinischen Geruch verrieth, der ihn umgab. So lang wir den Loretter Berg hinabfuhren, begleiteten uns Schaaren von Kindern, die den heiligen Staub der Straße dreimal küßten, und ein geistliches Lied sangen, dessen Stanzen sie aber jedesmal mit dem unheiligen Refrain: Evviva il vetturino! endeten. Auf der letzten Station vor Ankona trafen wir einen Deserteur von der Königlichen Garde an, der von zwei Gensd'armes nach Mailand transportirt wurde; seine Frau, eine artige Brünette, begleitete ihn und war Ursach, daß wir dem

müden Paare mit des Vetturins Bewilligung die
zwei leeren Plätze in unserm Wagen einräumten.
Beide Eheleute waren noch sehr jung, erst seit einigen Wochen verheirathet, und liebten sich mit einer
Zärtlichkeit, die wahrhaft rührend anzusehen war.
Unaufhörlich blickten sie sich lächelnd an, drückten
sich verstohlen Hände und Knie und sprach Einer
so war es gewiß nur vom Andern. So erfuhren
wir von der jungen Frau, daß ihr Liebhaber nur
ihretwegen desertirt sey, und der Mann erzählte
uns mit leuchtenden Augen, wie seine Rosa, alles
Bittens ohngeachtet, darauf bestanden habe, die
Unbequemlichkeiten der Reise mit ihm zu theilen,
wie sie alle Nächte im Gefängniß bei ihm schlafe
u. s. w., während die arme Kleine oft roth wurde
und ihm den Mund zuhalten wollte, wenn er uns
ein zu treues Gemälde ihrer Liebe machte. Sie
war vor dieser Reise, nie aus ihrem Geburtsort,
einem Dorfe in den Appeninen, gekommen, naiv und
unschuldig wie ein reines Naturkind. Ankona,
obgleich eine sehr unbedeutende Stadt, setzte sie
in Erstaunen; ich mußte lächeln, wie sie beim

erſten Anblick Ankona's ganz in Ekſtaſe gerieth,
ihren Mann beim Arm nahm und, auf die Stadt
hinweiſend, lebhaft ausrief: „E piu grande ancora
che Macerata!" Die Gensd'armes erzählten
uns viel von den Briganten. Vor einigen
Tagen hatten ſie eine große Conſpiration entdeckt
und mehrere Theilnehmer füſillirt, worunter auch
einige Prieſter (denn die Franzoſen machen wenig
Umſtände). Der eine Pfaffe hatte, nach ihrer
Ausſage, eine unbezwingliche Hartnäckigkeit be-
wieſen, und auf alle Drohungen ſowohl, als
Verſprechungen ihm das Leben zu ſchenken, wenn
er Alles geſtehen und ſeine Mitſchuldigen angeben
wolle, wie ein Held, ſtets nur mit den einzigen,
energiſchen Worten, die er von der franzöſiſchen
Sprache kannte, geantwortet: Je m'en f.....
Als allgemein geltende Bemerkungen für die
Routen von Rom nach Ankona, kann ich hier
anführen, daß die Straßen durchgängig vortrefflich
ſind, die Wirthshäuſer, an den meiſten Orten
zugleich Poſthäuſer, ziemlich gut und reinlich,
aber in der jetzigen Jahreszeit mit nichts als

Tauben und Hühnern versehen, von denen ich jeden Tag regelmäßig ein gekochtes und gebratnes Exemplar vorgesetzt erhielt; drittens endlich, daß man überall unerträglich von Flöhen geplagt wird. Es ist keine Uebertreibung, wenn ich versichere, daß meine weißen Strümpfe, wenn ich über die Gasse ging, zuweilen wie schwarz getüpfelt davon aussahen.

Sobald man die römische Wüste verlassen hat, findet man ununterbrochen fruchtbare wohlangebaute Gegenden, die Felder erhalten einen besondern Reiz durch die Menge von Bäumen, mit denen sie bedeckt sind; jeder hat seinen Weinstock, der sich ehlich an ihn anschmiegt und seine hellen Blätter zierlich mit dem dunklen Laube vermischt, wo unter dem doppelten Schutz die goldnen Trauben sich bergen.

Ankona's mit Schiffen angefüllter Hafen, der fern ins Meer hinein erbaute Leuchtthurm, und das weitläuftige Lazareth, wo die Schiffe Quarantaine halten, gewähren einen schönen Anblick, wenn man von den Bergen herabkömmt und die weite Seeaussicht auf einmal vor sich ausgebreitet sieht. Nahe neben dem Molo steht der Triumphbogen Trajans; er ist äußerst einfach und beträchtlich kleiner, als die übrigen, welche man in Italien findet, hat aber den Vorzug, von allen am besten erhalten zu seyn.

In der Kirche der heiligen Palazia zeigt man ein sehr schönes Bild dieser Heiligen, ein wahres Madonnengesicht, zu dem man das Modell hier häufiger als irgendwo sonst antrifft. Ankona ist berühmt wegen der Schönheit seiner Weiber; meiner geringen Erfahrung nach gilt dies aber weniger von der Stadt selbst, als der Mark und der ganzen Gegend umher, wo ich, schon von Terni an, häufig die reizendsten Gesichter antraf.

Das Theater, welches seit einiger Zeit leer gestanden hatte, war vor wenigen Tagen mit der Opera seria, Ginevra bi Scotia von Meyer-Beer eröffnet worden. Mamsell Schmalz, eine Berlinerin, sang die Ginevra, der Sopran Matucci den Ariodante, und der Tenor Fidanza den

Polinesso. Der Letzte mißfiel, aber der Sopran, einer der besten jetzt lebenden, und unsre deutsche Landsmännin, der man nur bei ihrer großen Fertigkeit etwas mehr Seele wünschte, wurden mit leidenschaftlichem Beifall vom Publikum aufgenommen. Im zweiten Act, während des schönen Duetts zwischen Ginevra und Ariodante: mi manca l'anima, ward die Vorstellung auf einige Augenblicke durch ein allgemeines Gelächter unterbrochen, welches der ungezogne Spaß eines der Zuhörer erregte. Während nähmlich der Castrat Matucci nach dem Gange der Musik mehreremal „mi manca" wiederholte, und die schönsten Roulaben auf diese Worte machte, fiel plötzlich, ehe er noch l'anima hinzusetzen konnte, eine singende Stimme aus dem Parterre mit einem andern Worte ein, das ich dem Leser zu errathen überlassen muß.

Bologna.

Die Straße von Ankona bis Sinigaglia' führt hart am Ufer des Meeres hin, das neben uns in bunten Streifen bald röthlich, bald blau oder grün in der Abendsonne spielte. Die berühmte Messe, welche Ende Juli in Sinigaglia statt findet, war dieses Jahr so unbedeutend, daß ich es nicht der Mühe werth hielt, länger als einige Stunden hier zu verweilen, und noch denselben Abend meine Reise bis Pesaro fortsetzte, wo ich nach Mitternacht bei dem schönsten, taghellen Mondschein ankam.

Pesaro ist eine gut gebaute Stadt mit einem schönen Platz und einer Menge großer Palläste, deren man in Italien auch in den kleinsten Orten so häufig antrifft. In den beiden ansehnlichsten, die den Familien Olivieri und Passeri zugehören, sind interessante Antikensammlungen, von denen der größte Theil in der Gegend selbst gefunden worden ist. Ich kann nicht mehr davon sagen, weil mir wegen Abwesenheit der Besitzer, die Erlaubniß, sie zu sehen, verweigert wurde.

Meine Reisegesellschaften verändern sich wie in der Laterna magica. Von Ankona aus war ich mit Kaufleuten, von Sinigaglia mit einem Sattlergesellen gereist, heute fuhr ich mit einem alten Maltheserritter bis Rimini. Der Weg ist romantisch. Auf einem dreigezackten Berge sieht man links die drei Thürme der kleinen Republik San Marino. Rimini besitzt vier merkwürdige Alterthümer, zwei aus den Zeiten Augusts und zwei aus dem Mittelalter, die es seinem berühmten Herzog Sigismund Malatesta verdankt. Der Ehrenbogen Augusts, welcher unrichtig ein Tri=

umphbogen genannt wird, gehört ohne Zweifel unter die interessantesten Monumente des Alterthums, die wir besitzen. Seine edle Einfachheit, seine herrlichen Proportionen, und die meisterhafte Arbeit in den wenigen noch übrigen Zierrathen, sind des Zeitalters würdig, wo die Baukunst in Rom in ihrer höchsten Blüthe stand. Das Ganze besteht nur aus einem Bogen, der aber für sich allein die drei Bögen der Triumphpforten Constantin's, wie des Septim Sever's in Rom zusammengenommen, an Größe übertrifft. Auf der Nordseite sind zwei Medaillons mit einem jugendlichen und einem alten Kopf im schönsten Styl und vollkommen wohl erhalten; auch ein Theil des Gesimses ist noch ganz, die corinthischen Capitäler der vier cannelirten Säulen, welche es tragen, haben aber so wie alles Uebrige sehr gelitten. Man bemerkt auf der Seite, welche nach der Stadt zugekehrt ist, einen Stierkopf, dessen Hörner unangetastet geblieben sind, während ein Pferdekopf auf der entgegengesetzten Wand seine Ohren verloren hat, ein Umstand, den die Abergläubischen als ein übles Omen für Rimini's Ehemänner ansehen. Ein Gemäuer mit hohen crénaux, welches über dem Bogen aufgebaut ist, zeigt, daß er im Mittelalter als Festung gedient hat, und seine Zerstörung nicht sowohl der Zeit als Menschenhänden zuzuschreiben ist. Weder Zeit noch Menschenhände noch Erdbeben, haben die unverwüstliche Festigkeit der alten Brücke erschüttern können, welche am Ende der Stadt über den Fluß führt. Sie ward von August angefangen und von Tiber vollendet; nirgends sah ich noch solche ungeheure Blöcke als hier, die von Giganten abgetragene Felsenstücke scheinen.

Ewig wird man bedauern, daß der von Malatessa angefangene Tempel des heiligen Franziskus unvollendet geblieben ist. Nach den alten Medaillen, und dem, was in Marmor aufgeführt fertig dasteht, zu urtheilen, wäre er gewiß eins der merkwürdigsten Gebäude der Welt geworden. Der Graf Battagliani bemerkt, daß dieser Tempel die Epoche bestimmt, wo die gothische Baukunst wieder durch die römische in Italien verdrängt wurde, und bewundert, wie er sich plötzlich zu der ganzen erhabnen Größe seiner Vorbilder erhebt. Olivieri aus Florenz, war der genievolle Baumeister, der den kühnen Plan einer dem Pantheon ähnlichen Kuppel faßte, und den Bogen Augusts zum Modell des Haupteingangs wählte. Eine Gallerie von hohen Arkaden, mit einer Reihe in der Mitte jedes Bogens aufgestellter Sarkophage, sollte das Ganze umgeben. Die Wirkung dieser letzten Idee, welche zum Theil ausgeführt ist, übertrifft alle Erwartung. Man kann nichts schauerlich Erhabneres, der düstern Heiligkeit eines christlichen Tempels Angemeßneres sich denken, nichts, das Vergangenheit und Zukunft ergreifender der Seele einprägt, als diese hohen dunkeln Bogen mit der unabsehbaren Menge weißer Sarkophage, die in gewaltiger Festigkeit dastehend wie von Ewigkeit her, dem erzitternden Menschenkinde fortwährend zuzurufen scheinen: Memento mori! Drei Capellen sind im Innern der Kirche vollendet: in der ersten liegt die berühmte Isotte, Geliebte und später Gemahlin Malatesta's, begraben. An den Eckpfeilern derselben Capelle bemerkt man ein schönes Basrelief, welches eine alte Frau von ausdrucksvollen Zügen vorstellt.

Die ebenfalls von Malatesta erbaute Citadelle erweckt noch jetzt, obgleich ihre Thürme geschleift sind, die Bewunderung der Kenner, und wurde zu ihrer Zeit für eine der kunstreichsten Fortificationen Italiens gehalten. Man hat von dem höchsten Theil der Ruinen eine schöne Aussicht auf die umliegende Gegend.

Ich darf nicht vergessen des Piedestals auf dem Marktplatz zu erwähnen, dasselbe, von dem Cäsar, wie eine Inschrift behauptet, seine Armee anredete, nachdem er über den Rubicon gegangen war. Was ein solcher unbedeutender Stein nicht alles erlebt! Von dem ganzen großen Volke der Römer ist nur noch das ferne Andenken übrig. Mit hundert andern Nationen sind sie von der Erde verschwunden — der Stein ist noch unversehrt. — Doch auch er wird einmal in seine

Atome wieder vergehen, denn alles Daseyn muß ja enden — nur der Tod lebt ewig!

Unter diesen hochtrabenden Betrachtungen setzte auch ich über den Rubicon, heutzutage Pisatello genannt, und kam bald darauf über Cesena, dessen Weine ehemals berühmt waren, jetzt aber wenig taugen, nach Forli, dem Forum Livii der Alten.

Diese Stadt ist groß und hat einen sehr schönen Platz. Der größte Theil der Straßen ist mit Arkaden geziert, die immer allgemeiner werden, je mehr man sich der Arkadenstadt Bologna nähert, so wie in der Gegend von Rom alle Orte mit Fontainen prangen. Im Dom ist eine prächtige, mit kostbaren Marmorarten ausgelegte Capelle, die sehr gegen das ärmliche Ansehn des übrigen Theils der Kirche absticht. Ich sah mit Erstaunen hier drei Menschen neben einander knieen, die unter sich dreien zehn Nasen besaßen; es scheint, daß dieser Ueberfluß an Geruchswerkzeugen eine Art Epidemie, wie die Kröpfe in andern Gegenden, hier seyn muß, denn als ich über den Marktplatz nach meinem Gasthof zurückkehrte, redete mich ein Vetturin und, gleich darauf ein Obstweib an, die an derselben Deformität in noch stärkerem Maße litten. Eine, andere Bemerkung, die ich nach und nach zu machen Gelegenheit finde, ist, daß jemehr man in Italien dem Norden zureist, man in demselben Verhältniß die Preise höher und die Menschen, auffallend interessirter, gröber und unwirthbarer antrifft, obgleich ihr bei weitem größerer Wohlstand grade das Gegentheil erwarten lassen sollte. Vielleicht irre ich mich aber in dieser letzten Voraussetzung; oft, lehrt uns das Beispiel unserer Tage, ist die Grobheit eine Folge des Reichthums.

Um 9 Uhr früh verfolgte ich meine Reise in einer elenden offnen Calesina, die mich schmerzlich bis Imola den sengenden Strahlen der Sonne Preis gab. Hier fand ich einen bessern Wagen und erhielt einen zweiten capocomico, noch komischer als den ersten, zum Gesellschafter, der mich, bis ich späterhin einschlief, mit Geschichten aus Tausend und einer Nacht unterhielt, die er alle vorgab selbst erlebt zu haben. Bei Sonnenuntergang erreichten wir Bologna, wo ich zu meinem großen Mißvergnügen erfuhr, daß der Courier, welcher alle Wochen einmal von hier zu Wasser nach Venedig abgeht, und die Passagiere für einen firirten sehr geringen Preis mitzunehmen genöthigt ist, eben abgereist war. Ich war doppelt mißvergnügt, da ich bloß dieses Couriers wegen versäumt hatte Ravenna zu sehen, bei dem meine Straße mich nahe vorbei geführt hatte. Ich mußte nun einige Tage hier verweilen.

Die außerordentliche Menge beträchtlicher Städte und Flecken, die man von Ankona bis Bologna fast alle Stunden weit antrifft, sind auffallend für den Reisenden, besonders einen Reisenden, wie mich, in dessen theurem Vaterlande Städte und Menschen gleich selten sind. Viele fangen jedoch an sehr an Wohlstand abzunehmen, und der gänzliche Mangel des Handels, durch den sie sonst blühten, drückt sie hart darnieder. Die Noth mag aber so groß seyn als sie will, so ist man doch sicher, überall

wenigstens Opern, Schauspiele und Kaffeehäuser
anzutreffen, drei unentbehrliche Luxusartikel für
die Italiäner, die eher Alles zu Grunde gehen
lassen, als die Comödie aufgeben würden, und
weit lieber die Mahlzeit aufopfern, als sich die
Leckereien des Kaffeehauses versagen mögen.

Schon unterwegs hatte ich viele Lobeserhebun=
gen von der diesjährigen Oper in Bologna gehört,
und fand sie mit Vergnügen ihrem Ruf ent=
sprechend. Die ersten Sänger Veluti, Takkinardi
und Madame Colbran, verbinden alle drei mit
einem hohen Grade der Geschicklichkeit in ihrer
Kunst ein vortheilhaftes Aeußere und gute Action,
Eigenschaften, welche man hier selten vereinigt
antrifft. Madame Colbran ist eine Spanierin,
die auf den ersten Anblick das Charakteristische
ihrer Nation verräth. Rabenschwarzes Haar,
glühende Augen mit den schönsten Augenbrauen,
eine Reihe perlengleicher Zähne im kleinen aufge=
worfenen Munde, edler gewandter Anstand, zier=
liche Füßchen, und bei bescheidner Schüchternheit
und großer Decenz, doch eine gewisse stolze Ruhe

und Sicherheit in jeder ihrer Bewegungen, mit einem tiefen Ausdruck der Empfindung in ihrem schönen Gesicht, der reizend mit der jugendlichen Grazie ihres blühenden Alters absticht. — Dies Alles würde ihr, wenn sie auch keine große Sängerin wäre, schon den Beifall, wenigstens aller Männer sichern, aber auch ihr Gesang ist wie ihre Person, ausgezeichnet, sicher ohne Affectation und Ueberladung, voll Kraft und Gefühl. Ihre Passagen sind originell und überraschend, weil sie immer a tempo, den Worten und dem Sinn des Augenblicks angemessen, angebracht sind. In unsern Tagen, wo die Musik mehr darauf ausgeht, durch Seiltänzerkünste in Erstaunen zu setzen, als das Gemüth zu bewegen, ist eine Sängerin, die fühlt, was sie spricht, doppelt verdienstvoll, schon ihrer Seltenheit wegen.

Oft ist es mir aufgefallen, wie eine Nation, die die Musik so sehr liebt, deren Sprache zum Gesange geschaffen ist, die von jeher in Europa auf den ersten Rang in diesem Fache Anspruch gemacht hat, nicht endlich den allgemeinen Wunsch zeigt, aus ihrer Oper ein verständiges Ganze zu machen, wo Text, Composition und Gesang sich zu gleichem Zwecke verbinden. Gebildete Italiäner sehen diesen täglichen Verfall ihrer Musik sehr wohl ein, und seufzen über den verkehrten Geschmack. „Was soll ich, ruft der Abbé Conti aus, der Musik für einen Namen geben, wo der Sänger und der Compositeur im Wettstreit sind, wer den Sinn der Worte am meisten zu verdrehen im Stande ist! Wenn ich in die Kirche oder in die Oper gehe, so will ich nicht den Gesang der Vögel hören, sondern die Stimme eines Menschen, der zu meinem Verstande, meiner Einbildungskraft und meinem Herzen spricht. Welches Vergnügen kann man bei einer solchen Art Schauspiele genießen! Die sicherste Probe der Langenweile, die sie einflößen, ist der Lärm, den das Publikum nicht aufhört während der Vorstellung zu machen. Es ist wahr, am Ende der Arie, wenn es an die Cadenz kommt, herrscht plötzlich eine tiefe Stille, und nachdem der Sänger in einem Athem eine lange Reihe Töne durchlaufen hat, die völlig bedeutungslos sind, erschallt das Theater von Geschrei und Händeklatschen. Könnten die Sänger nicht die zwei Verse zu ihrer Entschuldigung anführen:

E perche paga il volgo sciocco, e giusto,

Sciocamente cantar per dargli gusto.

(Und da uns der thörichte Pöbel bezahlt, ist es billig auch thöricht zu singen, um ihm zu gefallen.)"

Der Sopran Veluti ist auf eine ausgezeichnete Weise, was man in Italien professore nennt; er verbindet mit dieser tiefen Kenntniß seines Fachs eine seltene Originalität, und hat sich so eine eigne Methode geschaffen, die ihm allein zugehört; leider sucht aber auch er seinen Ruhm mehr im Schweren als im Schönen, und verschleiert sein Talent durch die größte Ueberladung; man muß die außerordentliche Leichtigkeit und Präcision bewundern, mit der er die größten Schwierigkeiten spielend überwindet, aber das Herz bleibt kalt dabei, und man ist am Ende versucht mit Fontenelle zu fragen: Musique, que me veux tu?

Der Tenorist Takkinardi hat eine sehr schöne Stimme, viel Fertigkeit, und eine gewisse Anzahl Verzierungen, die er mit großer Vollkommenheit und Grazie ausführt. Da er aber jeden Abend regelmäßig dieselben wieder vorbringt, wird man dieses Zuviel des Guten doch zuletzt etwas überdrüßig. Mir fiel diese Einförmigkeit doppelt auf, da ich denselben Sänger und seine mechanischen Passagen schon den ganzen Carnaval über in Rom gehört hatte.

Die Oper, welche jetzt gegeben wird, führt den Titel: Trajan in Dazien, die Musik ist von Niccolini aus Florenz und kann unter die besseren neuen Compositionen gerechnet werden. Ich mache ihr damit keine übertriebne Lobeserhebung, denn da das Publikum, alle Meisterstücke, welche über einige Jahr alt sind verachtend, durchaus unter zwei Opern wenigstens eine, wenn nicht alle beide, neu haben will, so werden die Theater jährlich mit einer Menge ephemerer Productionen überschwemmt, die nicht einmal so lang als die Kleider der Acteurs aushalten. Die sogenannten

Maestri reisen gleich den Zahnärzten im Lande umher, und lassen überall einige Opern zurück, wo sie ein Theater finden.

In Rom hörte ich einen solchen jungen Compositore, der nicht ganz ohne Ruf in Italien ist, mit großer Selbstzufriedenheit erzählen, daß er eben von einer tournée in Oberitalien zurückkomme, während der er drei ernsthafte und fünf komische Opern geschrieben habe. Diese tournée hatte demohngeachtet nicht länger als fünf Monate gedauert, und folglich keine Oper sein Genie länger als vierzehn Tage aufhalten können.

Der Unterschied zwischen Opera seria und Opera buffa fängt auch an immer unmerklicher zu werden, wie denn schon lange die Kirchenmusik nicht mehr von der Oper zu unterscheiden ist; und ich zweifle nicht, daß der Compositeur bald im Stande seyn wird, noch den letzten Abend vor der Vorstellung auf Verlangen die seria in buffa und die buffa in seria umzuwandeln. Ich kenne in Neapel einen Maler für das gemeine Volk —

von dem (in Parenthese gesagt) zu seiner Zeit unser Landsmann Hackert wahrscheinlich die Methode annahm, seine Gemälde nach der Elle zu verkaufen — der mit ähnlicher Leichtigkeit arbeitet. Er fängt seine Bilder jedesmal damit an, die Köpfe zu malen, und macht dann nach Belieben mit wenigen Kleidungsstücken Männer oder Weiber daraus.

Ich komme wieder auf die Oper zurück. Die Ausführung des Orchesters, Decorationen und Garderobe entsprechen der Vorzüglichkeit des Ganzen. Man hätte einige lächerliche Nebendinge weglassen können, z. B. eine Schlacht auf dem Theater zwischen den Daciern und Römern, wo beide Armeen nicht über zwanzig Mann stark waren, und die, obgleich sie das Schicksal des Reichs entscheidet, in einer halben Minute angefangen und beendigt ward. Eben so unnatürlich ist die Zusammenkunft Trajans und des Königs Decembalus, wenn beide Monarchen mit gezognem Säbel zu Pferde erscheinen und eine doppelte Volte auf der Bühne reiten, um sich von allen

Seiten präsentiren und das Parterre zweimal respektvoll mit ihren Schwerdtern salutiren zu können.

Das Ballet zeichnete sich durch ein gut bearbeitetes Süjet, Pracht der Decorationen und Costüme, und durch gute Musik aus. Es stellte Aeneas und Dido's Geschichte vor. Eine Scene in der bekannten Grotte, wo die Verheirathung der beiden Liebenden bildlich durch den Tanz vorgestellt wird, kam einigemal der Natur fast zu nahe, obgleich die Tänzer es sonst nicht weit in ihrer Kunst gebracht hatten. Die Grotesken machten sehr kraftvolle Sprünge und wurden sehr beklatscht. Es scheint, daß das Ballet anfängt, die Oper in Italien zu verdrängen, wenigstens zeigte hier das Publikum seinen Beifall für das Erste überall mit ungleich mehr Ausgelassenheit.

Um nicht ewig den unerträglichen Balgereien mit den Vetturini's ausgesetzt zu seyn, entschloß ich mich, lieber einige Scudi mehr aufzuopfern und mit einem Privatcourier nach Venedig zu gehen.

Um 8 Uhr verließen wir Bologna, ein andrer Italiäner, Freund dessen, mit dem ich reiste, begleitete uns. Beide waren gebildete und lustige Leute, deren angenehme Unterhaltung mir oft den Weg verkürzte, und die üble Laune und Trauer verscheuchte, welche so viele Erinnerungen aus der Vergangenheit nur zu oft in mir erweckten. Da wir in der Nacht durch Ferrara kamen, konnte ich nur im Allgemeinen so viel sehen, daß dieser Ort von allen italiänischen Städten die breitesten und regelmäßigsten Straßen hat, und, wie die übrigen, gleiche Spuren ehemaliger Größe und heutiger Armuth trägt. Das Land um Ferrara war in diesem Augenblick noch wegen der zahlreichen Insurgenten sehr unsicher, und wir legten daher die letzte Post vor der Stadt größtentheils im Galopp zurück. Bei jedem Geräusch hieb der Postillon wie unsinnig in die Pferde, so daß wir einigemal nahe daran waren, in den Chaussegraben geworfen zu werden.

Einer meiner Reisegefährten erzählte mir eine fürchterliche Geschichte, die er kürzlich erlebt. Ein Capitän der Miliz hatte eine Brigantenjagd angestellt, und er ihn als sein Lieutenant begleitet. Unglücklicherweise fielen sie in einen Hinterhalt, der Capitän ward gefangen, und er selbst rettete sich mit genauer Noth in einen hohlen Baum. Aus diesem Versteck mußte er nun eine Stunde lang es mit ansehen, wie sein Freund mit der unerhörtesten Grausamkeit zu Tode gemartert wurde. Nachdem man alle Arten der schauderhaftesten Qualen an ihm versucht, und er endlich dem Tode nahe war, wurden ihm zuletzt noch die Augen ausgeschnitten, und in die hohlen Löcher gefüllte Patronen gesteckt, die man unter Jubeln und Lachen anzündete, und den unglücklichen so in die Luft sprengte.

Die Gegend um Rovigo ist ein wahres Eden an Fruchtbarkeit und Schönheit, und majestätisch strömt der Po durch die grünen Büsche und frischen Wiesen. Schauerlich contrastirten mit diesem Eden zwei an hohen Bäumen aufgehangne

Käfige, worin Räubergliedmaßen im Winde klapperten. Man setzt auf einer Fähre über den Fluß und fährt dann einige Zeit längs einem breiten Wasser hin, das der weiße Kanal genannt wird. Wir hörten in Rovigo von nichts als Insurgenten, die vor Kurzem die Stadt 24 Stunden lang geplündert und, wie man behauptete, über zwei Millionen Scudi davon getragen hätten. Mit den Christen war man noch einigermaßen christlich umgegangen, aber die armen Juden hatten Alles verloren. Anderthalb Posten von Padua schließt sich der Weg an die Brenta an, und hier erreicht die Gegend den höchsten Grad prachtvoller Schönheit. Alterthümliche Schlösser in der Ferne, geschmackvolle Villen und Gärten in der Nähe, bekränzen auf beiden Seiten den Kanal. Links sieht man sie romantisch an die Bergkette angelehnt, rechts in der lachenden Ebne unter lieblichen Gebüschen zerstreut. Je mehr man sich Venedig nähert, je dichter wird die Reihe der Palläste, und fast alle Orte, durch welche die Straße führt, zeichnen sich durch Eleganz und Reinlichkeit aus.

Um Mitternacht erreichten wir Mestre, wo wir einige Stunden ausruhten.

Die hellste Sonne leuchtete am nächsten Morgen unsrer kurzen Fahrt nach Venedig.

Venedig.

Eine Stadt von einigen Stunden Umfang, die sich mitten aus den Fluthen des Meeres erhebt, ohne daß man die geringste Spur einer Insel entdeckt, die ihr zur Grundlage dienen könnte — ist ein so neuer Anblick, daß hier vielleicht zum Erstenmal die Wirklichkeit über die Einbildungskraft den Sieg davon trägt. Nicht minder sonderbar ist der Eindruck, wenn man das Innere der Stadt betritt und auf den wimmelnden Kanälen unzählige schwarze Gondeln rastlos durcheinander hingleiten sieht, auf allen Seiten ein emsiges Leben gewahr wird, und doch Alles so still bleibt, man weder den gewohnten Lärm der Wagen und Reiter vernimmt, noch das laute Geschrei der Ausrufer und Verkäufer, noch der wogenden Fußgänger fernher tönendes Geräusch — kaum hört man außer dem Plätschern der Ruder von Zeit zu Zeit das melancholische Anrufen der Schiffer, wenn sie sich um eine Ecke biegend, begegnen. Oft habe ich, an die Balustrade der Rialtobrücke gelehnt, mich an diesem schweigenden Gewimmel ergötzt, das im Großen eine ähnliche Empfindung erregt, als wenn man auf einem Balle dem Tanze mit zugehaltenen Ohren zusieht.

Von einem Ende zum andern durchschneidet mit majestätisch breitem Strome der Canale grande die Stadt. Man findet sich, nicht ohne Erstaunen, noch von den grünen Meereswellen getragen, plötzlich in der Mitte einer prachtvollen Straße, wo das Auge sich an einer Menge glänzender Palläste weidet, deren selbst Genua und Rom an Reichthum und Schönheit der Architektur wenig ähnliche aufzuweisen haben.

Aber was ist erst dem Markusplatz zu vergleichen! Man hat gewiß nicht nöthig mir bei jedem Schritte das nil admirari zuzurufen, ich gerathe nicht so leicht in Enthusiasmus, aber noch ist es mir nicht möglich gewesen, diesen magischen Ort mit Gleichgültigkeit zu betreten. Wie jener Gesandte Tippo's in Versailles möchte ich ausrufen: Man muß Opium nehmen, um solche Dinge in andern Ländern zu sehen — denn im Reich der Wirklichkeit ist der Markusplatz gewiß einzig in seiner Art. Nicht, daß es noch weit größere Plätze, einzelne vielleicht noch prächtigere Gebäude gäbe, als die welche ihn umschließen, aber diese seltne Verbindung von Originellem und Romantischem, von Pracht und Zierlichkeit, von Symmetrie und malerischer Freiheit, diese Einheit bei so viel Mannigfaltigkeit, dieses poetische Ganze, trifft man nirgends so an wie hier.

Einem ungeheuren Marmorsaal vergleichbar,

an dessen wunderbarem Bau entfernte Nationen und Jahrhunderte nach einander gearbeitet haben, steht dieser Platz in stolzer Herrlichkeit da; lange Reihen hoher Palläste bilden seine Wände, eine glatte Marmorfläche deckt den Boden, und zu seiner azurnen Decke wölbt sich der Himmel!

Das ehrwürdige Schloß des Dogen, in schweren Massen aus roth und weißem Marmor aufgeführt zieht zuerst unsre Augen auf sich; es ruft uns rohe, aber große und kraftvolle Zeitalter zurück. Kühn erheben sich neben ihm die hundert Kuppeln und Thürme des Doms; goldne Mosaik und bunter Marmor bedecken seine Mauern, unzählige Säulen umgeben die ehernen Thore; Zierden aller Art, mannigfaltig und seltsam, schmücken den glanzvollen Tempel, der, wie ein fremdes Werk orientalischer Pracht und Phantasie erscheinend, uns nach Bagdad und Ispahan, in das Vaterland lieblicher Mährchen, versetzt *). Auf Ge-

---

*) Die große Moschee auf dem Platz von Meidan Chah in Ispahan soll in der That eine große Aehnlichkeit mit der Kirche von San Marco haben.

stellen von Bronze sind vor den Pforten des
Haupteingangs drei hohe Masten aufgepflanzt,
deren weithin flatternde Fahnen einst Venedigs
Herrschaft verkündeten über die drei Königreiche,
Candia, Cypern und Negropont. Seitwärts
erblickt man auf dem torre del orloggio, frei
in der Luft sich regend, zwei metallne Riesen,
die mit erhobner Keule die Stunden auf hellklin=
gender Glocke anschlagen; dem Thurme schließt
sich der Pallast der alten Procuratorie an; beide
aus dem spätern Mittelalter, die letzen Zeugen
jener ruhmvollen Zeiten, wo vor der Macht der
Republik Kaiser und Könige zitterten. Gegen=
über hat das neuere Zeitalter sich seinen Platz
gewählt; die neue Procuratorie, die Bibliothek
und Münze Sansovino's, bieten Alles dar, was
Geschmack und Kunst in den Jahren ihrer Blüthe
am vollendetsten hervorbrachten; und um kein
interessevolles Andenken zu entbehren, erinnern
uns die colossalen Granitsäulen am Meer an
Athen, wo sie im zwölften Jahrhundert Venedig
siegreich sich eroberte.

So gehen hier Jahrhunderte und Nationen an an unsrem bewegten Gemüthe vorüber, Geschichte und Kunst rufen mit hundert Stimmen uns zu, und bis auf den jetzigen Augenblick rollt sich das treue Bild der Zeiten vor uns ab; wir sehen auf dem letzten Blatt die leeren Gestelle, von denen die Sonnenrosse gestiegen sind, und vermissen den Löwen aus corinthischem Erz mit nach dem Meer gewandtem Haupt, den jetzt ein hölzerner ersetzt, der grimmig nach dem Lande blickt. —

Dies ist der Markusplatz am Tage, ein ganz neuer ist er bei Nacht. Als ich zum Erstenmal einen Theil des Tages hier zugebracht hatte, setzte ich mich gegen Abend, da wo das Meer des Platzes Stufen bespült, am Fuß der Granitsäule nieder, und sah dem Spiel der Gondeln zu, die, wie um ihre Stöcke schwärmende Bienen, unter einer Reihe Kriegsschiffen umhergaukelten.

Palladio's Kirchen, San Giorgio und Redemtore leuchteten von den gegenüber liegenden In=

sein herüber in der Abendsonne Gold, einzelne Thurmspitzen zeigten noch in weiter Ferne die äußersten Grenzen der schwimmenden Stadt. Nach und nach verschwand eine nach der andern; in scharfen Abrissen zeichneten sich immer schwärzer die Schiffe, der Sonne Roth erblich, und die Nacht hatte schon ihren grauen Schleier über entfernte und nahe Gegenstände gebreitet, ehe ich, in die süßesten Träumereien versunken und auf das Treiben um mich nicht mehr achtend, ein Einzigesmal nur meine Augen von dem bezaubernden Schauspiel vor mir abgewendet hatte. Wie ward ich jetzt überrascht, als ich aufstehend um mich blickte und plötzlich hundert Lichter mir entgegen blitzen sah.

Tageshell war der weite Kreis der rund umlaufenden Arkaden erleuchtet und warf bis in des Platzes Mitte leuchtende Strahlen über eine Menge Menschen jedes Standes und Alters hin, die auf dem ebnen Marmorboden auf und nieder wogten. Viele Andere saßen unter Zelten vor den Kaffeehäusern umher, wo lange Reihen von Stühlen für die müden Fußgänger in zierlicher Ordnung aufgestellt waren. Sänger und Musikanten zogen von einem Zelte zum andern, und Schaaren von Dienern vertheilten sich überall, mit Erfrischungen beladen, unter dem Haufen. Dort versammelte ein Puppentheater die Neugierigen um sich her; hier machte ein Taschenspieler dem Pöbel seine Künste vor, und nützte die Dunkelheit besser als der Puppendirector seine Lichter; weiterhin erschütterte ein Volkserzähler mit schrecklichen Mordgeschichten die ihn staunend umgebenden Zuhörer, während sanft aus der Ferne Ariost's und Tasso's Lieder von den Gondeln herübertönten. Vom Lärm betäubt, vom Glanz der Lichter geblendet, zog ich mich endlich an den einsamsten Ort zurück, und ließ, von der Klarheit abgewandt, meine Augen nach oben gerichtet, sie in der Nacht umherirren. In undeutlichen Massen lagerten sich die hohen Palläste um mich her, sie schienen an Majestät zu gewinnen, was sie an Schönheit des Details verloren; seltsamer noch war im Halbdunkel des alten Dogenpallastes Ansehn, noch vermehrt schienen die vielen Kuppeln des Doms, und in doppelter Höhe däuchte mir der gigantische Markusthurm emporzusteigen, auf dessen Spitze der eherne Engel, gleich seinen himmlischen Mitbrüdern, sich unter den funkelnden Sternen verlor.

www.ingramcontent.com/pod-product-compliance
Lightning Source LLC
Chambersburg PA
CBHW020112010526
44115CB00008B/805